東媛漢詩集

李元熙

도서출판
다운샘

장수왕릉에서

유도회 한문연수원에서 권우 홍찬유 선생님과

유도회 한문연수원

역사탐방 길에서

역사탐방 공부

망선루

사자루

소양정

금서루

공북루

백마장강

序 文

동원(東媛) 이원희(李元熙) 여사(女史)의 한시집이 나오게 되었다고 한다.

그는 동천서숙의 창건 멤버이고, 동천서숙의 총무로서 30여 년간 이 모임을 이끌어 왔을 뿐 아니라 최근에는 코로나로 인하여 그 재정적 어려움을 겪으면서 그 짐을 한 몸에 짊어지고 비티면서 오늘에 이르른 것은 널리 알려진 사실이다.

한 채의 집이 서있으려면 그 중심(中心)에 고주(高柱)가 튼튼하게 버티고 서있어야 하고, 한 나라가 편안하려면 주석지신(砫石之臣)이 이를 지탱하여야 한다고 하였다.

되풀이 하는 말이 되겠지만 동원(東媛)은 동천서숙(東天書塾)에서 창업공신이요 겸하여 30여 년간 살림을 맡아온 안주인이며 위기를 헤쳐나간 주인공이다. 그 뿐이겠는가! 그의 문재(文材)는 동천서숙에서 그의 오른편에 설 사람이 없다는 것이 솔직한 중평이다.

이제 20년간 그의 시낭(詩囊)에 쌓여 곰팡이 난 한시 180여 수가 그의 친구들의 권유로 동원한시집(東媛漢詩集)으로 성책(成冊)되어 드디어 햇빛을 보게 되었다는 것을 경하(慶賀)하여 마지않는 바이다.

동원 여사로부터 그 책의 서문을 쓰라는 엄명이 내려졌다. 불영(不佞)의 비재단문(非材短文)으로 감당키 어려운 거역(巨役)이지만 한편 졸저(拙著) 9권의 한시집에서 한 자 한 획도 동원의 부정(斧正)을 거치지 않은 것이 없는 크고 큰 은고(恩顧)를 생각하여 사양치 못하고 따르기로 하였다.

이제사 이 책의 원고를 문득 통독하고 심히 놀랐다. 그의 20년간의 근고역작(勤苦力作)을 찬양 칭송하여 입에 침이 마를 지경이다. 이로써 흔치 않는 동국 여류한시시인 중에서 손꼽히는 자리에 서지 않을까 사료한다.

두서없는 글로 가편서두(佳編序頭)를 더럽히지 않을까 두려워하면서 저간(這間)의 경위(經緯)를 적어 무사(撫辭)로서 서문(序文)에 가름할까한다.

2022년 9월 22일

오남(梧南) 이종관(李鍾寬)은 적다.

동원한시집을 내면서

2003년 여름 우리는 일곱 명이 모여 한시 공부를 하기로 의기투합하여 중관선생님께 한시를 배우기 시작했다. 그리하여 죽림칠현같이 깨끗하고 올곧게 살며 한시를 지으며 즐기자고 동천칠호라 이름 짓고 열심히 토요일마다 모여 공부를 했다. 가산 임봉훈, 서원 김용대, 예주 김영기, 우인 경우수, 설전 임준신, 삼우당 장선숙 선생님과 안일당 이원희 이렇게 우리는 한시공부를 하였다.

한시를 배우다 우리는 이듬해 2004년 2월 7일 누정풍월(樓亭風月), 그야말로 풍류를 하기 위하여 우리나라 최대의 정자 밀양의 영남루를 향해 새벽 칼바람이 부는 데 달렸다. 그저 콧바람도 좋고 칠호가 같이 가는 길은 멀어도 좋았다. 하루의 일정이 고단했어도 한시탐방이 소풍 가는 어린이처럼 기다려지곤 하였다. 새벽부터 밤늦게까지 팔십 노구의 선생님께는 죄송하지만 우리는 즐거웠다. 골짜기를 묻고 물어 정자를 찾아 단정하게 다 같이 한복을 입고 중관선생님께 정자에 깃든 역사의 말씀을 들었다. 선생님께서 제목과 운(韻)자를 내주시면, 그 자리에서 시축(詩軸)도 써본다.

신선이 따로 있겠는가? 비가 오나 눈이 쌓여도 우리는 개의치 않고 전국을 누볐다. 그렇게 영남루, 촉석루, 죽서루, 빙허루 등등…, 곳곳의 정자를 찾았다. 우리나라 영산(靈山)인 자랑스런 백두산이 장백산이라 쓰여 있는 백두산 천지에서부터 제주도 한라산의 백록담, 금강산 구룡폭포, 울릉도, 홍도, 흑산도, 땅끝 해남 고흥까지 안 가본 곳이 없이 명소는 다 찾아다녔다. 거기에 한 달에 한 번 고려절신을 찾아가는 역사탐방까지 참으로 많은 곳을 다녔다.

지금 생각해보아도 정말 많은 곳을 다녔다. 다녀와서는 한시를 지어 선생님께 첨삭을 받고, 합평을 하며 한시를 다듬었다. 우리 실력이야 뻔해도 선생님께 지도를 받아 그럭저럭 시가 완성되면 더없이 흡족하였다. 그리하여 누정풍월, 여말대절, 여말절신, 대한삼십경, 고려유사, 고려연운 이렇게 공저 한시집 6권이 나오게 되었다. 책이 나올 때마다 그 뿌듯함은 이루 말로 표현할 수 없고 흐뭇했다.

지금도 가끔 생각난다. 청담 민영순씨가 멀리 광주에서 일주일에 한 번씩 서울로 올라와 공부하고 같이 자면서 역사탐방과 한시 탐방을 같이한 청담의 학구열은 나를 놀라게 하였다. 참 대단한 학구열이다. 아! 삼우당 기꺼이 마부노릇하며 곳곳의 오지를 다니다 교통사고가 나서 마음 졸이며 안타까웠던 일 지금도 아찔하고 미안하다. 이제는 모두가 잊지 못할 추억이 되었다. 또한 활동을 같이하다가 서예공부를 위하여 유학하게 된 현정씨와 같이한 시간도 많이 아쉬웠다. 그 자리에 들어와 함께한 형봉 오외수 선생님 미국에서 사시다 우리 것이 고파서 서예를 하셨고, 서예협회 뉴욕 지부장이라고 하시며 흔쾌히 활동에 합류하셨다. 또 놀랍게도 구십이 넘어 한시를 배우신 오남 이종관 선생님께서 합류하셔서 고려연운에 같이 책을 내게 되었다. 많은 연세의 어르신은 우리보다 더 열심히 적극적으로 참여하셨고 우리의 모범이 되셨다. 이렇게 많은 사연이 흘러 오늘 20여년이 흐른

지금 뒤 돌아보니 많이 아쉽고 모두들 보고프다.

동천칠호분들 어이 잊을 수 있겠는가? 같이한 그 많은 시간 행복했고 소중했던 시간들을 그간 지은 한시 공저가 여섯 권이나 되어 많이 부끄럽지만 주위의 권고 특히 올해 100세를 지나 101세가 되신 오남 선생님께서 한시책 제목과 호도 지어주시고, 붓글씨로 책 제목도 써주시며 권하시기에 용기를 내어 동원한시집을 내게 되었다.

그간 지도해주신 중관 최권흥 선생님, 오남 이종관 선생님, 같이 활동한 동천칠호 여러분 그리고 책을 낼 때마다 번듯하게 잘 꾸며주신 다운샘 김영환 사장께도 이 지면을 통해 감사를 드립니다.

2022년 10월
관악산 기슭에서 이원희 쓰다.

目 次

第一部 樓亭風月 누정풍월

第二部 麗末大節 여말대절

第三部 麗末節臣 여말절신

第四部 大韓三十景 대한삼십경

第五部 高麗遺事 고려유사

第六部 高麗戀韻 고려연운

第一部

樓亭風月

嶺南樓 東韻

南走密城千里風　　立春白雪白山空
七豪談笑蹬樓上　　四面宏開爽臆中
岸上梅花京客迓　　庭中春草暖光逢
悠悠碧水翠鳧樂　　今日亭歌萬世通

영남루

남쪽으로 달려 밀성 천리를 가는데
입춘이라 해도 아직 흰 눈이 흰 산에 쌓여있네.
칠호가 정담을 나누며 다락으로 오르니
사면은 툭 트이어 가슴 속까지 시원하다.
언덕 위 매화는 서울손을 반기고
뜰 가운데 봄풀은 햇빛을 만났도다.
유유한 벽수에 청둥오리 한가로이 노니는데
금일 정자에서 부르는 노래 만대까지 통하리.

✔ 해제(解題)

■ 영남루는 2004년 2월 7일 토요일에 탐방하였으며 경상남도 밀양시 내일동에 있는 누각이다. 밀양의 객사인 밀양각의 부속건물이며 밀양관 북안(北岸) 절벽의 경승에 자리하고 있고 보물 147이다.

矗石樓 冬韻

春雨漸濡山野茸　　七人南走晉陽逢
悠悠碧水榭臺繞　　切切丹心祠廟宗
碑閣將軍邦國守　　義巖節妓善夫從
倚欄賡唱動詩軸　　檐末四圍煙霧濃

촉석루

봄비에 젖은 산과 들 새싹이 예쁜데
칠인 시우가 남쪽으로 달려가니 진주가 맞이하네.
유유히 흐르는 푸른 물은 정자의 누대를 감싸고
절절한 붉은 단심에 사당이 높도다.
비각은 나라를 지킨 장군의 비석이요
의암은 지아비를 따른 절기의 터로다.
난간에서 노래를 부르고 시축을 옮기는데
처마 끝엔 사방으로 둘러싼 안개가 짙구나.

▼ 해제(解題)

▪ 촉석루는 2004년 2월 21일 탐방했으며 경남 진주시 본성동에 있다. 진주시를 상징할만큼 영남 제일의 명승지이며 임진왜란 때 논개의 충절로 더욱 더 유명한 곳이다. 고려 공민왕 14년에 창건 됐다고도 하며 그 이전에 지어졌다고도 한다.

竹西樓 江韻

三陟高樓樽碧江　　深淵壁上寂然龐
竹林環匝美籬落　　水鳥閑遊夢濊邦
棟面騷人歌跡掛　　當時名妓浪吟聰
今來登此覓歌詠　　如彼風流吾始雙

죽서루

삼척의 높은 정자가 푸른 강을 눌렀는데
깊은 연못 절벽 위엔 고요한 집이로다.
대나무 숲이 둘려 있는 아름다운 울타리요
물새가 한가로이 놀며 꿈꾸는 예나라로다.
기둥 앞에는 노래 자취를 걸어놓았고
당시 명기의 맑은 물 흐르듯 노래가 귀를 울리더라.
지금 여기에 올라 좋은 시를 읊자니
저와 같은 풍류를 내가 비로소 짝하네.

해제(解題)

▪ 죽서루는 2004년 3월 13일에 탐방하였으며 강원도 삼척시 성내동에 있다. 오십천 절벽에 위치한 보물 213호인 죽서루는 고려 때 문신 김극기의 한시 죽서루가 있는걸 보면 고려 때 건물이 분명하다. 그 후 태종 때 삼척 부사 김효손에 의해 다시 건립되었다 한다

憑虛樓 支韻

兎月春風花色毗　　奈生亭閣碧空離
酒泉青水淑然繞　　陸谷白岩研鍊奇
昔主賡吟憂國處　　今人陟岵望雲基
天涯北向涕流裏　　斜日西山來日期

빙허루

토끼달 봄바람에 꽃 색이 두터운 데
영월 정자는 허공에 걸렸구나.
주천의 푸른 물은 맑은 물이 둘려있고
무릉계곡 흰 바위는 물에 갈아져 기이하다.
옛 임금 나라를 근심하며 노래하던 곳이요
지금 사람은 올라와서 고향을 바라보는 터로다.
하늘 끝 북쪽을 향해 눈물 흘리는 속에
비끼는 해 서산에 내일을 기약하네.

✔ 해제(解題)

▪ 빙허루는 2004년 3월 27일 탐방하였으며 강원도 영월군 주천면 신일리에 있다. 고려 공민왕이 홍건적의 난을 피해 안동으로 피난 갔다가, 귀성하는 길에 이곳 빙허루에 올라 이 현실을 한시로 지어 신하들과 마음을 나눈 자리로 알려져 있다.

泗沘樓 微韻

三月草光來處緋　　扶餘南走一車圻

城中高閣古然特　　山下長江蜿蟉頎

濟將誠忠傳說痛　　羅郎勇猛史書稀

千年往事在何所　　今日賡歌天上巍

사자루

삼월 풀색이 이르는 곳마다 향기로운데
한 수레 남쪽으로 달리니 부여의 땅이로다.

성중 높은 집은 예스러운 듯 우뚝하고
산 밑 긴 강은 구불구불 길도다.

백제 장수 충성은 전설이 아프고
신라 화랑 용맹은 역사에 드물도다.

천년 지난 일 어느 곳에 있는고
오늘 이어부르는 노래 하늘 위로 높게 울리도다.

✔ 해제(解題)

▪ 사자루는 2004년 4월 10일 탐방하였으며 충청남도 부여군 부여읍 쌍북리에 있다. 사자루는 정면 3칸 측면 2칸 이층 다락으로 백마장강이란 현판이 용이 꿈틀거리는 것같이 걸려있다. 1919년 임천면에 문루였던 개산루를 옮겨 지으면서 사자루라 이름했다 한다.

望仙樓 魚韻

古邑清州到一車　　公園春色滿濃餘
高樓風磬客人迓　　大筆楣名羽客狙
杏木千年悲史抱　　桃花幾日暎華舒
西山斜照霏雲美　　京士賡歌上黨琚

망선루

옛 고을 청주를 한 수레로 도착하니
공원은 봄빛으로 무르익어 넘치누나.

높은 다락 풍경소리 시인을 맞이하고
크게 쓴 다락이름 신선을 엿보더라.

은행나무는 천년의 슬픈 역사를 품었고
복사꽃은 몇 날이나 빛날 것이냐.

서산에 비낀 해에 노을 빛도 아름다운데
서울 선비 부르는 노래 상당의 구슬이더라.

✔ 해제(解題)

▪ 망선루는 2004년 4월 24일 탐방하였으며 충청북도 청주시 상당구 남문로 2가 청주 중앙공원에 있으며, 도유형 문화재 110호로 지정되어있으며 800년 된 은행나무가 푸르게 넉넉한 그늘을 드리우고 있었다.

寒風樓 虞韻

匹馬南馳向茂朱　　道中故友好逢愉
寒風高閣古園特　　立夏清暉木葉姝
昔日外人兵火苦　　今時過客俗心怏
長欄四面紫霞滿　　一坐自然賡唱歟

한풍루

필마로 남으로 달려 무주로 향하는데
도중에 옛 친구를 만나보니 기쁘더라.
한풍이란 높은 정자 옛 공원에 우뚝하고
입하의 맑은 빛에 나뭇잎은 곱구나.
옛날엔 외인의 병화로 괴로웠고
지금은 과객의 속된 마음 근심이로다.
긴 난간 사방에는 붉은 안개 가득한데
한자리 앉으니 저절로 노래가 나오더라.

해제(解題)

▪ 한풍루는 2004년 5월 8일 토요일에 탐방하였으며 전라북도 무주군 무주읍 당산리에 있다. 전라북도 유형문화재 19호로 지정되었고 호남 최고의 누각으로 남한의 광한루와 전주의 한벽정과 함께 삼한(三寒)이라고도 한다. 고려말에 건축한 것으로 측면이 2칸 정면이 3칸이다. 현판이 한석봉의 명필이다.

寒碧樓 齊韻

古邑淸風好馬騠　　山川景色若名媞
長江曲水大湖遂　　高閣噲正濃霧棲
鼎峙當時蝸角競　　錦衣釋德主師蹐
追懷往事律聲懇　　斜日暮天霞彩鞋

한벽루

옛 고을 청풍을 말 타고 달려가니
산천 경색이 이름같이 아름답구나.
긴 강 구불구불 물은 큰 호수를 이루었고
높은 집 시원한 마루는 짙은 안개가 서렸구나.
세 나라 당시에는 와각의 다툼이요
비단옷 큰스님은 왕사에 올랐도다.
옛일을 돌아보며 읊는 소리 간절한데
비낀 해 저녁하늘에 노을빛이 곱구나.

▼ 해제(解題)

▪ 한벽루는 2004년 5월 23일 일요일에 탐방하였으며 충청북도 제천시 청풍면 물태리에 있다. 제천시 보물 제528호로 고려 충숙왕 41년 청풍현이 군으로 승격되면서 객사 동쪽 청풍면 읍리에 관아의 부속건물로 세워진 것이다. 800년의 세월을 지내오며 파손된 것을 중수하였고 충주댐공사로 현재 원형대로 복원한 것이다.

映湖樓 佳韻

洛水福州新綠佳　映湖樓坐樹林崖
洋灰楹質久年夢　麗主楣名古色諧
詩板風流過日樂　噲正空寂此時乖
碧波淡淑未言裏　他是七豪清曲偕

영호루

낙동강 복주에 신록이 아름다운데
영호루는 푸른 수풀 언덕에 앉아있도다.
양회 기둥은 오랜 해를 꿈꾸었고
고려왕의 현판은 옛스러움이 어울리는구나.
시판의 풍류는 지난날 즐거움이요
시원한 마루 쓸쓸함은 오늘의 어긋남이로다.
푸른 물결 맑고 맑아 말 없는 속에
그 이 칠호들의 맑은 곡조가 함께하는구나.

해제(解題)

▪ 영호루는 2004년 6월 12일 토요일에 탐방하였으며 경상북도 안동시 정하동에 있다. 홍건적의 난으로 이 고장에 머물렀던 공민왕이 영호루에 올랐던 인연으로 친필편액을 하사받아 1368년 새로 이 누각을 지었다고 한다. 정면 5칸 측면 4칸의 2층 큰 다락으로 고려 김방경장군의 한시 편액이 걸려있다.

學士樓 灰韻

當到咸陽雨脚催　　邑中古色一樓開
千年長命久然特　　七客暫登詩興培
學士守鄉風月處　　俗儒板刻惡緣臺
主人往筆敢誰執　　今日黃巢皆破摧

학사루

함양에 당도하니 빗발이 재촉하는데
읍 가운데 옛 빛의 한 다락이 열리는구나.
천년의 긴 세월이 창연하게 우뚝하고
일곱 나그네 잠깐 올라 시흥을 북돋는구나.
학사가 고을을 지키며 풍월하던 곳이요
속된 선비 시판으로 악연을 만든 집이로다.
주인의 지나간 붓을 감히 누가 잡아서
오늘의 황소를 누가 다 깨고 꺾을까.

✔ 해제(解題)

▪ 학사루는 2004년 6월 19일 토요일에 탐방하였으며 경상남도 함양군 함양읍 상리에 있다. 우리나라에 현존하는 다락 중 제일 오래된 다락이며 신라 시대 최치원이 함양군수를 지냄으로써 그가 학사였기에 붙여진 이름이라 한다. 전면 5칸 측면 2칸 겹처마 마루로 되어있다.

聞韶樓 眞韻

南道義城流俗淳　　點心果筥濫分親
飽餐弄口快談受　　探問路程重復諄
昔日邑名楣板合　　今時京客頌吟陳
綠陰蟬噪美長短　　太古鳳凰期必臻

문소루

남쪽 땅 의성은 풍속이 순박하다더니
점심엔 과일바구니로 넘치는 친절이구나.
배불리 먹고 농담에 쾌히 받아들이고
더듬어 묻는 길 거듭 가르켜 주더라.
옛날엔 고을 이름이 다락 현판과 합했고
오늘날 서울 나그네 기리는 노래가 베풀어졌도다.
녹음 속 매미울음에 장단이 아름다운데
태고의 봉황이 기필코 올 것이로다.

해제(解題)

▪ 문소루는 2004년 7월 10일 토요일에 탐방하였으며 경남 의성군 의성읍 구봉산에 있다. 태백산맥의 지맥인 보현산맥 마지막 봉우리에 있는 문소루는 진주 촉석루 밀양 영남루 안동의 영호루와 더불어 영남 4대루의 하나이며 고려 중엽에 창건하였으나 소실되어 1983년에 현위치에 복원하였다.

望京樓 文韻

孤節杜門農隱云　　花溪深谷麥田耘
松京向拜昔王戀　　大浦竹林眞志紋
長檻登臨詩軸樂　　高枝蟬唱爽風焄
夕陽遠客忘歸路　　往事千年甘苦醺

망경루

외로운 절개 문을 잠그고 농은이라 이름하며
화계 깊은 골에서 보리밭 갈아 김매더라.
송경 향해 절함은 고려왕을 그리워함이요
대포리 대숲은 참 뜻을 나타냄이로다.
긴 난간 올라오니 시축이 즐겁고
높은 가지 매미소리는 상쾌한 바람 향기롭다.
석양에 먼 나그네 돌아갈 길을 잊고
지나간 천년의 달고 쓴 것에 취했도다.

✔ 해제(解題)

▪ 망경루는 2004년 7월 31일 토요일에 탐방하였으며 경상남도 산천군 금서면 화계리에 있다. 망경루는 전면 3칸 측면 2칸으로 정자의 주인은 농은(農隱) 민안부(閔安富)로 여말대절이시다.

鳳棲樓 元韻

晩夏順興槐木蕃　　綠陰爽快俗心諼

竹溪碧水隱居曲　　飛鳳古城逸住村

昔日麗王楣板特　　今時京客頌吟敦

梧桐枝大鳥何在　　詩詠催來棲閣溫

봉서루

늦여름 순흥의 괴목이 무성한데
녹음이 상쾌하니 세속 마음을 잊는구나.

죽계 푸른 물은 숨어 사는 노래요
비봉 옛 성은 편안히 사는 마을이로다.

옛날 여왕의 현판 글씨 뛰어나고
지금 서울나그네 노래 소리 두텁구나.

오동나무 가지 큰데 봉황은 어디 있는고
노래하며 오기를 재촉하니 다락은 따뜻하구나.

해제(解題)

▪ 봉서루는 2004년 8월 14일 토요일에 탐방하였으며 경상북도 영주시 순흥면 읍내리에 있다. 고려시대 건립한 영남에서 가장 유서 깊은 다락의 하나로 이 고장 순흥이 낳은 고려 말기의 명현 안축 선생의 봉서루 중수기에 채상이라는 사람이 지사로 부임하여 누각을 중수하였고, 봉황이 날아와 깃들게 하였다고 한다.

燕子樓 寒韻

猿月順天山野爛　公園燕子榭臺玕
曲樑長脊萬年久　丁字高亭一國單
昔日孫翁情話特　近來金士大勞屹
清風雲朶詠心動　調嗌律聲霞彩丹

연자루

칠월달 순천 산야가 빛나는데
공원에 연자루 아름답기도 하다.
굽은 대들보 긴 등어리 만년이 되었고
정자형 높은 정자 한 나라에 하나로다.
옛날 손옹의 사랑이야기 특별하고
근래 김 선비의 공로가 높도다.
맑은 바람 구름 줄기에 시심이 움직이니
목청을 가다듬은 율성에 노을빛이 붉구나.

해제(解題)

▒ 연자루는 2004년 8월 28일 토요일에 탐방하였으며 전라남도 순천시 조곡동에 있다. 전면 6칸 측면 2칸으로 들보가 6이나 되는 큰 다락으로 순천의 옛 이름이 강남이라서 연자루를 짓게 되었다고 한다. 연대는 자세하지 않으나 고려 손억이란 선비가 청풍명월의 아름다움을 시로 읊으려 지었다고 한다.

鎭西樓 刪韻

藍浦鎭安玉馬山　　層樓高閣雨中跧
檻頭風勢語今亂　　檐下水聲歌古艱
羅代名人遊覽處　　麗時勇將守邊關
喜悲傳說萬年積　　天日慚慚倘避顔

진서루

남포를 편안히 지키는 옥마산이요
층루 높은 집이 우중에 엎드려 있구나.
난간머리 바람모습 오늘의 어지러움을 말하고
처마 밑 물소리는 옛날의 어려움을 노래하도다.
신라 때 이름난 사람이 유람하던 곳이요
고려시대 용장이 변두리를 지키던 문이로다.
기쁘고 슬픈 전설이 천년에 쌓였으니
하늘의 해도 부끄러워 얼굴을 피하는가보다.

▼ 해제(解題)

▪ 진서루는 2004년 9월 11일 탐방하였으며 충청남도 보령시 남포면 읍내리에 있다. 진서루는 남포 관아문으로 유형문화재 65호이며 남포와 만리포 지역 왜구의 약탈을 막기 위하여 서해를 진압할 누와 석성을 쌓았다고 한다.

越松亭 先韻

東海茫茫碧玉天　　越松亭閣未雙鮮
羅時羽客逍遙樂　　麗末老儒逃世蠲
月下騎牛橫笛細　　檻頭枕膝善琴玄
七豪一坐詠吟貌　　萬古風流竹帛鐫

월송정

동해가 망망한데 푸른 구슬같은 하늘이요
월송정 다락은 둘도 없이 곱구나.

신라 때 신선들이 소요하며 즐겼고
고려 말 늙은 선비 세상 피해 깨끗이 살았도다.

달 아래 소를 타고 부는 피리 소리 은은하고
난간머리 무릎에 뉘인 거문고 소리 좋도다.

칠호 한 자리 앉아 노래하는 모습은
만고의 풍류로 청사에 기록되리라.

✔ 해제(解題)

▪ 월송정은 2004년 9월 18일 토요일에 탐방하였으며 경상북도 울진군 평해읍에 있다. 월송정은 고려시대 이래 시인 묵객들이 즐겨 찾았던 유람지로 퇴락한 것을 조선조 연산군 때 강원도 관찰사가 중건하였고 1969년 재일 교포로 구성된 금강회에 의하여 1980년 현재와 같이 세웠다.

碧松亭 蕭韻

吉地靈州山野呺　　伽倻深谷色楓妖
碧松亭號二千載　　吟律風流唯一簫
前水悠悠終到海　　後雲翡翡美比霄
七豪談笑顧懷裏　　晩發秋花留馬鑣

벽송정

길한 땅 고령 산야가 큰데
가야 깊은 골이 고운 빛 단풍으로 아름답구나.
벽송정 이름은 이천년 내려온 이름이요
시를 읊는 풍류는 오직 한 피리로다.
앞의 물은 유유히 끝내 바다로 가고
뒤 구름은 푸르고 푸르러 아름다운 하늘같도다.
칠호들이 담소하며 옛일을 추회하는 속에
늦게 핀 가을 꽃이 말고삐를 잡는구나.

✓ 해제(解題)

▪ 벽송정은 2004년 10월 9일 토요일에 탐방하였으며 경상북도 고령군 쌍림리 신촌리에 있다. 벽송정은 임난 후 집성촌이 되면서 고운 최치원의 유적을 기리고 유생들을 가리치기 위해 지은 것으로 정면 3칸 측면 2칸으로 고운 최치원 일두 정여창 한훤당 김굉필 글들이 걸려있다.

寶山亭 肴韻

處處丹楓人浪呶　　七豪當到砥平郊

寶山亭上爽風動　　大岱池中青草烋

天井卷龍高節象　　松林居士務安胞

登臨一坐唱吟裏　　不覺斜陽環酒匏

보산정

처처의 단풍에 사람 물결로 시끄러운데
칠호가 당도하니 양평의 들이로구나.

보산정 위에는 맑은 바람이 일고
대대의 연못에는 푸른 풀만 무성하도다.

천정의 말린 용은 높은 절개를 상징하고
송림거사는 무안박씨의 일가로다.

다락에 올라 한 자리에 앉아 노래하는 속에
해지는 것도 모르고 술 바가지만 돌리는구나.

해제(解題)

▪ 보산정은 2004년 10월 30일 토요일에 탐방하였으며 경기도 양평군 단월면 보령리에 있다. 보산정은 박씨 입향 시조인 박정(朴禎) 간의대부가 고려 말 정계를 피해 남쪽으로 가던 중 짐을 실은 암소가 이곳에 누워 움직이지 않아 지세를 보니 괜찮아 정착했다고 한다. 무안박씨로 시조가 되었고 송림거사라 하였다.

氷玉亭 豪韻

朝夕寒霜散葉滔　　永山氷玉古樓高

藍川柱下萬年曲　　黃野欄前十里濤

昔日金公薰育所　　今時羽客詠吟皐

金翁三婿隱居裏　　此處鄕風稱誦遭

빙옥정

조석으로 찬 서리에 낙엽이 흩어지는데
영동에 빙옥이란 옛 다락이 높더라.

쪽빛 내 기둥 밑에서 만년의 노래를 하고
누런 들 난간 앞에는 십리의 물결이구나.

옛날 김공이 훈육하던 곳이요
오늘날 나그네들 시를 읊는 언덕이로다.

김옹과 세 사위가 숨어사는 속에
이곳의 시골 풍속이 칭송을 만나더라.

해제(解題)

▪ 빙옥정은 2004년 11월 13일 토요일에 탐방하였으며 충청북도 영동군 양강면 남전리에 있다. 충청북도 기념물 제89호로 이곳은 전객시령 김영이(金令貽)와 한성판윤 장비(張丕)의 단소(壇所)다 고려말 혼란 시에 장인 김영이가 사위 셋을 데리고 와 후생을 교육시킨 은자로 명망이 높다.

昭陽亭 歌韻

濊貊古都探訪哦　　周圍山水秀清阿

三韓亭閣蒼蒼立　　千里長江黙黙沱

牛首峰中煙霧繞　　昭陽湖上鷺鷗娑

東夷往事想懷裏　　今日慙心投碧波

소양정

예맥의 옛 서울을 찾아 가보니
주위 산수 빼어나게 아름답구나.

삼한 때의 정자가 예스럽게 우뚝하고
천리의 긴 강이 말없이 흐르는구나.

우수봉우리는 안개에 둘려있고
소양호 위에선 갈매기가 춤추는구나.

동이족의 지난 일을 추회하는 속에
오늘의 부끄러운 마음 푸른 파도에 던져본다.

✔ 해제(解題)

▪ 소양정은 2004년 11월27일 토요일에 탐방하였으며 강원도 춘천시 소양로 1가에 있다. 이 정자는 강원도 문화재 자료 1호로 창건 시기는 정확치는 않으나 고려 말 문인들의 시가 나오는 것으로 보아 고려 때 또한 삼한시대부터 있었다는 기록도 있다. 정면 4칸 측면 2칸 이층의 팔작지붕으로 되어있다.

永思亭 麻韻

坤月七豪走一騢　長城當到野川嘉
林中亭閣不言特　檐下風鈴有口譁
孤節老翁憂國處　穎才少壯讀經家
育英昔日顧懷裏　賡唱渴求人物芽

영사정

시월에 칠호들이 한 말을 달려서
장성에 당도하니 산천이 아름답구나.

수풀 가운데 정자는 말없이 우뚝한데
처마 밑 풍경은 시끄럽게 울리는구나.

고절 늙은이 나라를 걱정하던 곳이요
재주 있는 젊은이 글을 읽던 집이로다.

영재를 키우던 옛날을 뒤돌아보며
노래를 부르며 인물이 싹트기를 갈구해본다.

▼ 해제(解題)

▪ 영사정은 2004년 12월 11일 토요일에 탐방하였으며 전라북도 장성군 장성읍 장안리에 있다. 정자는 정면 3칸 측면 2칸 팔작지붕으로 정자의 주인은 변정(邊靜)이며 본관이 황주로 태천백 변여(邊呂)의 후손이다. 공은 고려 말 전공을 세웠으나, 신돈의 미움을 받아 장성에 내려와 은거하였다.

萬枝亭 陽韻

昨雪寒風氷道忙　　今朝旅路若春陽
榮州千里促驅到　　古閣萬枝端坐臧
先祖自尊朱子學　　後孫奉幀譽門堂
近村書院往他姓　　松下雙雙情話糖

만지정

지난밤 눈에 바람 또한 차니 얼음길이 걱정인데
오늘 아침 여행길은 마치 봄볕 같구나.

영주 천리 재촉해 바삐 몰아 도착하니
옛 다락 만지정이 단정히 앉아 아름답구나.

선조는 스스로 주자학을 높였고
후손은 영정을 받드는 명문의 집이로다.

가까운 마을 서원은 타성들이 와서
소나무 아래 쌍쌍이 정담으로 달콤하구나.

✔ 해제(解題)

▪ 만지정은 경북 영주시 안정면 용산리 147에 있는 정자로 유형문화재 237호다. 정자는 정면 2칸 측면 2칸으로 안향 문성공의 후손 만지정 안욱(安頊)이 효성이 지극하고 풍류를 좋아하여 이곳에 정자를 짓고 선조인 회헌공 영정을 모셨으며 제향을 드렸다고 한다.

陟西亭 庚韻

二月春分野色明　缶林舊里一亭崢
深溪長水檻前唱　築石曲牆庭後縈
歸邑昔人千古節　守州今老百年誠
七豪吟詠暮陽裏　何處高低羲瑟鳴

척서정

이월 춘분에 들빛이 밝은데
부림 옛 마을에 한 정자 높구나.

깊은 계곡 긴 물이 난간 앞에서 노래하고
돌로 쌓은 굽은 담장이 뜰 뒤를 둘렀더라.

고향으로 돌아온 옛 사람은 천고의 절개요
고을을 지키는 늙은이들을 백년의 정성이로다.

칠호가 노래하는 해저무는 속에
어느 곳에서 들려오는 복희의 비파소린가.

해제(解題)

▪ 척서정은 2005년 3월 20일 일요일에 탐방하였으며 경상북도 군위군 부계면 남산리에 있다. 이 다락의 주인은 부림홍씨 諱가 魯, 字 득지, 號가 경재이며, 목은이 경재의 글이 보통사람과 다르다. 문장 중의 문장이라고 평하였다고 한다. 조선 초 포은이 죽었다는 소식과 이성계가 등극하자 개성을 향해 네 번 절하고, 생을 마쳤다고 한다.

南下亭 青韻

雨後醴泉芳色青　　蒼然古閣滿花庭
檻前洛水淑潺去　　牆外眉山蜿蚴屛
採菊北窓圖靖節　　廢王南面守網經
貞忠代代綿綿裏　　今日賡歌萬世馨

남하정

비온 뒤 예천은 풀색이 푸르른데
오래된 옛 정자는 꽃이 가득한 뜰이더라.

난간 앞 낙동강 물은 맑고 잔잔히 흐르고
담장 밖 미산은 구불구불 둘렀도다.

채국과 북창의 그림은 도연명을 생각함이요
폐왕이 임금에 오르는 것은 인륜을 지킴이로다.

곧은 충성이 대대로 이어가는 속에 속에
오늘에 이어 부르는 노래는 만세의 향기로다.

✔ 해제(解題)

▪ 남하정을 2005년 4월10일 일요일에 탐방하였다. 남하정은 경상북도 예천군 보문면 미호리에 있다. 이 곳은 조선개국을 저지하고 고려를 지키려다 희생된 충신 율은 김저(栗隱 金佇)선생의 정자다. 율은은 여말삼은 포은, 목은, 야은의 아호를 지어준 사제지간이라고 한다.

建溪亭 蒸韻

路柳垂枝春色增　　娥林千里一車騰
樓前碧水悠悠去　　檐後紅花苾苾矜
避亂東來封邑處　　投官南遯守身陵
望鄉不忘建亭裏　　萬世無窮忠孝承

건계정

길버들 드리운 가지엔 봄빛이 짙은데
아림 천리를 한 수레가 달렸도다.
정자 앞 푸른 물은 유유히 흘러가고
처마 뒤 붉은 꽃은 향기를 자랑하누나.
난리를 피해 동쪽으로 와서 봉읍한 곳이요
벼슬을 던져 남쪽으로 숨어 몸 지킨 언덕이로다.
고향을 바라보며 잊지 못해 정자를 세운 속에
만세토록 무궁히 충효를 이어가리라.

✔ 해제(解題)

▪ 2005년 4월 17일 일요일에 탐방하였으며 경상남도 거창군 거창읍 상림리에 있다. 정면 3칸 측면 2칸 들보가 2개이며 기둥이 10개 아치 모양으로 꽤 큰 정자다. 건계정 주인은 장종행(章宗行)이며 중국인으로 송나라가 망하자 고려로 망명한 사람이다.

採薇亭 尤韻

蛇月山林青綠尤　七豪探訪採薇丘
公園深谷古亭址　雲霧高峰新削頭
解紱歸鄉成道處　得們垂訓守儒區
往年士話顧懷裏　檻側風聲可否咻

채미정

사월달 산림은 푸름을 더해 가는데
칠호가 탐방한 채미정 언덕이로다.
공원 깊은 골짜기는 옛 정자 터요
운무 속 높은 봉우리는 새 중의 머리로다.
벼슬을 버리고 귀향해 도를 이룬 곳이요
무리를 얻어 가르쳐 유학을 지킨 구역이로다.
지난해 선비 이야기를 추회하는 속에
난간 옆 바람소리 옳다 그르다 시끄럽구나.

해제(解題)

▪ 채미정은 2005년 5월 7일 토요일에 다녀왔다. 경상북도 구미시 남통동에 있다. 채미정은 야은 길재 충렬공의 학문을 추모하기 위하여 영조 44년에 건립하였다. 정면 3칸 측면 3칸 규모의 팔작지붕으로 길재의 충절을 기린 숙종의 어필과 영정이 있는 경모각과 유허비각이 있다.

避世亭 侵韻

五馬山中深綠陰　一亭古色繞松林
柱聯二句周人傚　楣板三言碩士欽
僻處落鄉忘世事　隨時登檻樂詩吟
清風微手動檐鐸　從政諸家覺大箴

피세정

오마산 속은 녹음이 깊숙한데
한 정자 오래인 듯 솔숲에 둘러있네.
주련에 두 글귀 주나라 사람을 모방했고
미판에 세 글자는 큰 선비를 우러르네.
궁벽한 곳 내려옴은 세사를 잊기 위함이요
때때로 오른 난간 시 읊기를 즐김이로다.
맑은 바람 작은 손으로 풍경을 흔드니
정치하는 여러 사람들 크게 깨닫도록 경계하네.

∨ 해제(解題)

▪ 피세정은 2005년 5월 14일에 방문하였으며 충청북도 괴산군 문광면 광덕리에 있다. 이 정자의 임자는 순창 조씨(趙氏) 구세(九世) 고려 말 피세옹(避世翁) 諱신(紳)이고 고려가 망국으로 치닫자 세거지 송평으로 낙향하여 백이숙제를 흠모하며 후학을 키워 후세인들의 귀감이 되었다고 한다.

舞雩亭 覃韻

巳月綠陰去走南　尙州古邑古臺探
洛江曲水七豪迓　岩畔老松雙鶴耽
高閣噲正淸調動　飛檐鈴語爽風酣
檻頭詩軸雪荃筆　纖手往來飛蕙馣

무우정

사월달 녹음 속에 남쪽으로 달리는데
상주 옛 고을 경천대를 찾았도다.
낙동강 굽은 물이 칠호를 맞아주고
바위언덕 노송 위에는 쌍학이 즐기는구나.
높은 정자 시원한 마루 맑은 가락이 울리고
나는 듯한 처마 풍경소리 시원한 바람에 취했도다.
난간머리 시축은 설전이 붓을 잡고
하얀 손 오고가니 난초의 향기로다.

해제(解題)

▪ 무우정을 2005년 5월 29일 일요일에 탐방하였으며 경상북도 상주시 사벌면 삼덕리에 있다. 무우정은 경천대 안에 있었으며, 우담 채득기공이 세속에 물들지 않고 할아버지를 생각하며 살겠다는 뜻으로 세운 정자로 공의 8대조 다의당은 30리 떨어진 곳에 영귀정이란 정자를 세웠는데 지금은 터만 남아 있다고 한다.

良苽洞亭 鹽韻

朝向武珍匹馬㨯　　黃波十里麥蘄蘄

良苽洞內故亭立　　村老檻頭新睡恬

古代先人鄉事會　　今時過客詠吟忺

京儒一坐吐懷裏　　斜日西天霞色纖

양과동정

아침 무진을 향해 말을 타고 찾아가니
누런 물결 십리에 보리가 피어있구나.

양과동 안에는 옛 정자 서있고
촌로가 난간머리에서 새로운 졸음에 편안하도다.

옛날에 선인들이 마을일로 모였었고
오늘날 지나는 나그네 영음이 좋도다.

서울 선비 한자리 앉아 회포를 토로하는 속에
비낀 해 서쪽하늘에 노을빛이 곱구나.

▼ 해제(解題)

▪ 양과동정은 2005년 6월 6일 월요일에 다녀왔으며 광주광역시 광산시 남구 황산마을에 있다. 정면 3칸 측면 2칸의 좌우 손잡이 난간이 설치된 아담한 정자로 울창한 나무들로 둘러쌓여 있으며 유형문화재로 지정되어 있었다. 삼한시대에 창건한 것으로 추정된다고 하며, 현판 글씨는 우암이 썼다고 한다.

思雲亭 咸韻

南走吟詩末韻咸　　含城雨後綠陰諴

一亭古色上林卓　　數沼新花汚水瑊

昔日大儒追慕處　　今時京客詠歌渢

築防無害保民地　　天下治人來訪鑑

사운정

남쪽으로 달려 시를 읊으니 끝운 함이란 운자인데
비온 후 함양은 녹음이 어울리누나.

한 정자 옛스러이 상림에 우뚝하고
두어 연못 새로 핀 꽃 웅덩이에서 피었더라.

옛날 큰선비 추모하는 곳이요
지금 서울나그네 갱가의 풍류로다.

방축 쌓아 해 없이 백성을 보호하던 곳이니
천하를 다스리는 사람 여기 와서 거울 할지어다.

해제(解題)

※ 사운정은 2005년 6월11일 토요일에 탐방하였으며 경상남도 함양군 함양읍 상리에 있다. 푸른 숲이 보이지 않는 자연 숲에 있는 정면 4칸 측면 3칸의 정자로 고운 최치원의 신도비가 있다. 신라 때 상습적인 물난리가 나서 진성여왕 때 최치원이 제방을 높이 쌓아 치수를 한곳으로 전해진다.

第二部

麗末大節

忠敬書院 東韻

最古文明開極東　　檀君疆土氣溫崇
尊賢儒俗錦城別　　敬祖廉門書院雄
松隱考槃傳大節　　閉窩守訓盡誠忠
一家父子孝貞讚　　今日賡歌美調豊

충경서원

가장 오래된 문명은 극동에서 열렸고
단군 조선의 강토에선 기온이 따뜻하도다.

어진이를 높이는 선비 풍속은 나주가 특별하고
조상을 공경하는 염씨 서원이 크더라.

송은은 숨어살며 대절을 전했고
폐와공은 유훈지켜 성충을 다했도다.

한 집안 두 부자의 효와 곧음을 기리는 속에
오늘의 부르는 노래 아름다운 가락이 많더라.

해제(解題)

▪ 충경서원을 2006년 1월 8일 탐방하였다. 충경서원은 전라남도 나주시 삼영동에 있다. 염송은공 추모처로 공의 휘는 치중(致中) 송은(松隱)은 號다. 파평인으로 포은 문하에서 수학하였으며 벼슬이 문과 상호군겸 종부시판사에 이르렀다. 임신변역에 두문동에 숨으니 신조에서 예조참판으로 여러 번 불렀으나 나가지 않고 생을 마쳤다.

書雲齋 冬韻

泰月寒風殘雪冬　　白雲北脈好來龍
案山冠岳紫霞谷　　右虎淸溪怪石峯
投紱歸鄕籬樹竹　　杜門絶事志操松
敬崇外祖守庭訓　　麗末兩家千古宗

서운재

일월 찬바람 눈이 아직 남아있는 겨울인데
백운산 줄기는 내려온 용 같구나.

안산 관악은 연하의 골짜기요
우호 청계는 괴석의 봉우리로다.

벼슬 버리고 고향에 와서 울타리에 심은 대요
문을 걸고 일을 끊은 뜻으로 잡은 솔이로다.

외조를 공경하여 지켜 내려온 가훈은
고려말 두 집안이 천고에 높도다.

▽ 해제(解題)

▪ 서운재를 2006년 2월 5일 탐방하였으며 경기도 의왕시 포일동 광곡산에 있다. 서운재는 서운관정(書雲觀正) 김수(金綏)의 재실이다. 공민왕조에 서운관정을 지냈으나 임신변역에 불사이군의 지조로 새 조정의 부름에 불응하였으며 공양왕이 돌아가시자 식음을 전폐하였다고 한다.

月巖亭 江韻

寅月新風流洛江　　善山春色若陽邦
碧巖壁上雅亭一　　綠水波中浮鳥雙
少艾和詩青組鑑　　返歸絶句赤心窓
弟兄生卒古今特　　今日七豪呈酒缸

월암정

일월 새 바람이 낙강에 흐르는데
선산의 봄빛은 따뜻한 나라 같구나.

푸른 바위 절벽 위에 아담한 정자 하나요
푸른 물 파도 가운데 떠있는 물새가 쌍이더라.

어렸을 때 화답한 시는 벼슬아치의 거울이요
돌아올 때 쓴 절구 붉은 마음의 창이로다.

형제가 죽고 산 것은 예부터 특별하고
오늘 칠호들이 술항아리를 바치는도다.

✔ 해제(解題)

▪ 2006년 2월6일 탐방하였으며 월암정은 구미시 도개면 월림리에 있다. 여말 대절 김농암(金籠巖)공을 추모하는 곳으로 공의 휘 주(澍)며 선산인이다. 공양왕 때 예의판서로 명나라에 성절사를 수행하여 돌아오던 중 고려가 망했다는 말을 듣고 불사이군이 돌아갈 수 없다며 관복과 서찰과 신발을 보낸 후 중국으로 돌아가 생을 마쳤다.

獨守亭 支韻

瑞石山家孤守支　　歸鄕隱士一心期
飛檐兩面赤松陣　　長檻四圍靑竹籬
茅屋戀君高節特　　開京哭拜敬忠丕
園林幽谷紫霞畵　　何處老翁吟詠詩

독수정

서석산 집은 홀로 지키며 지탱하는데
고향에 돌아온 은사가 오로지 한마음을 기약하더라.

나는듯한 처마 양쪽엔 적송이 진치고 있고
긴 난간 사방엔 청죽의 울타리로다.

띠집에서 임금을 그리는 고절이 우뚝하고
옛 서울 바라보며 통곡하는 경충이 크도다.

동산 깊은 골엔 안개가 그림같은데
어느 곳에서 늙은이가 아쉬워 읊는 시이더냐.

✔ 해제(解題)

▪ 독수정은 2006년 3월 5일 일요일에 탐방하였다. 전라남도 담양군 남면 연천리에 있으며 고려말 절신 전서은(全瑞隱)공이 지은 정자다. 공은 공민왕조에 병부상서의 벼슬이었으나 포은이 죽자 벼슬을 버리고, 독수정을 지어 은거하였고 신조에서 불렀으나 나가지 않았으며, 그의 아들들도 의를 지켰다.

陶山齋 微韻

草木萌生和氣微　　楊州瓦阜復春歸
陶山墓域碧松茂　　齋閣欄頭素鵲飛
獄事苦行堅節表　　杜門固臥敬忠巍
考槃詩酒逍遙樂　　來客時時讚唱輝

도산재

초목에 싹이 트니 봄기운이 은미한데
양주 와부에 다시 봄이 돌아오는구나.
도산 묘역엔 푸른 솔 무성하고
재각 난간머리엔 하얀 까치가 날더라.
옥살이 고행은 굳은 절개의 표시요
문을 닫고 굳게 누운 경충이 높구나.
숨어 살며 시와 술로 소요를 즐기니
오는 손 때때로 기리는 노래 빛나는구나.

✔ 해제(解題)

▪ 도산재를 2006년 3월19일에 찾았으며 경기도 남양주시 와부읍 도곡리에 있다. 여말충신 박정후공의 재실이다. 공의 諱 가흥(可興), 字 안중(安中), 시호 정후(靖厚), 순천인이다. 우왕 때 전법판서, 군부판서, 밀직부사를 지냈다. 이성계를 제거하려던 이초의 옥사에 연루되어 유배당했다. 끝내 불사이군의 충절을 지켰다.

永慕齋 魚韻

天戾飛鳶淵躍魚　　揷橋湖上見閒閭
金城古里瓦家聳　　永慕新楣名筆書
擊賊功勞門閥彩　　守貞斷食狷心餘
四時不絶往來裏　　萬代承傳卓義墟

영모재

하늘엔 솔개날고 물고기 못에서 뛰어노는데
삽교 호수 위 한가로이 큰 집 보이네.
금성 옛 고을엔 기와집이 우뚝하고
영모재 새 현판은 붓글씨가 명필이로다.
적을 물리친 공로로 가문이 빛나고
곧음을 지키고 단식한 것은 굳은 마음의 나머지로다.
항상 끊이지 않고 사람이 찾는 속에
만대에 이어 전하는 대의의 터로다.

✔ 해제(解題)

▩ 영모재를 2006년 4월 2일에 탐방하였으며 충남 아산시 인주면 금성리에 있다. 여말충신 문충공 池 장군의 재실이다. 공의 휘는 용기(湧奇), 號 의재(毅齋), 諡號는 문충(文忠)이며 충주인이다. 공은 벼슬이 공민왕조에 벽상삼한삼중대광 삼사판사로 충원부원군에 봉하여졌으며 임신변역에 13일을 절식하여 순국하였으며 순국하자 흰 무지개가 100리에 걸쳤다고 한다.

獨樂亭 虞韻

雨後春山木草虞　三岐村岸雅亭孤
江中鳧鷺雙童泳　沙上竹松千載圖
臨仕忘身忠義盡　歸鄕執楚杏壇扶
文才承繼西河祖　今日七豪敬昔儒

독락정

비온 뒤 봄 산엔 초목이 아름다운데
삼기촌 언덕엔 아담한 정자 외롭구나.

강 가운데 오리 갈매기 쌍둥이로 헤엄치고
모래 위의 솔과 대는 천 년을 생각하네.

벼슬에 임해선 몸을 잊고 충성을 다했고
귀향하여 회초리 잡고 행단을 붙들었도다.

글재주는 서하 할아버지를 이어갔으며
오늘 칠호가 옛 선비를 공경하고 있도다.

해제(解題)

▪ 독락정을 2006년 4월 2일에 찾았으며 충청남도 연기군 남면 나성리에 있다. 임난수(林蘭秀) 선생의 추모처다. 부안임씨로 임신변역에 충신은 두 임금을 모실 수 없다고 하며, 벼슬을 사양하고 금강 월봉 아래서 은거하며 16년을 지내다가 돌아가셨다고 한다. 문화재 자료 264호로 지정되었으며 서하 임춘 선생의 증조부 되신다.

敬牧齋 齊韻

書院靜庭春色齊　　高齋掛筆韻中奎
玉人坐像眼光翠　　神道立碑文劃黎
三隱宗師青史奮　　二兒殉節閥門棲
投江竹葉意追慕　　今日綿綿後學携

경목재

서원 고요한 뜰에 봄빛 가지런한데
높은 재실 걸린 시는 시 가운데의 별이로다.
옥사람 앉은 모양은 눈빛이 푸르고
신도에 서있는 비 글자 획이 검구나.
삼은은 큰 스승으로 청사에 떨치고
두 아들 순절은 가문에 깃들어 있도다.
강에 던진 댓잎의 참을 추모하면서
오늘도 면면히 후학들을 이끄네.

해제(解題)

▪ 경목재는 2006년 4월 16일에 탐방하였으며 충청남도 서천군 기산면 영모리에 있다. 목은 이색을 추모하는 재실로 문헌서원에 있다. 포은, 야은과 함께 삼은으로 이제현의 문인이다. 한산군과 성균관 대사성 문하시중에 올랐는데, 이성계가 권력을 잡자 귀양을 갔다. 이성계의 스승으로 아들도 군부의 칼에 죽고 공도 연자탄에서 이성계가 보낸 자객의 손에 죽었다.

慕耘齋 佳韻

四月山川雨後佳　原州石逕狷忠崖
佛檀合奉女庵子　松柏深林耘谷齋
女老投身淵址滅　太宗停馬嶺臺偕
麗臣咸集祭王地　遠客清歌千古懷

모운재

사월 산천은 비온 후 더욱 아름다운데
원주 석경촌은 굳은 충성의 언덕이로다.
부처와 단군을 함께 모시는 여승의 암자요
솔과 잣나무 깊은 수풀엔 운곡의 재실이 있도다.
한 노파 몸을 던진 연못터는 없어졌고
태종이 말을 멈춘 고개 언덕은 뚜렷하도다.
고려 신하 다 모여서 제사 올린 곳인데
먼 나그네 맑은 노래 천고의 회포로다.

✔ 해제(解題)

■ 모운재는 2006년 5월 7일 탐방하였으며 원주시 행구동 석경촌에 있다. 원운곡(元耘谷)공의 재실이다. 공의 휘는 천석(天錫) 원주인이다. 치악산 북쪽 석경사 이 절이 모운재이다. 고려가 망함에 목은과 교유하며 치악산에 들어가 밭을 갈며 부모를 봉양하였다. 태종 등극 후에 투신 자진하였다.

駒城齋 灰韻

初夏駒城天色灰　古齋高閣樹間開
松山陽谷黑碑址　草阜壇場幽兆臺
二隱傳言儒學道　千年香火孝孫杯
白花滿發老翁迓　賡唱貞忠長久嵬

구성재

초하의 구성은 하늘빛이 잿빛인데
한 재실 높은 집이 수풀사이에 열렸구나.

송산 양곡은 검은 비석의 터요
풀 언덕 단 마당은 무덤의 언덕이라.

포은 목은에 전한 말은 유학의 도요
천년의 향화는 효손의 술잔이로다.

흰꽃 만발해 노옹을 맞아주는데
이어부르는 노래 곧은 충성은 오래도록 높구나.

▼ 해제(解題)

※ 구성재는 2006년 5월 20일에 탐방하였으며 경기도 용인시 기흥읍 영덕리에 있다. 여말절신 이 진초공의 재실이다. 諱는 중인(中仁), 號 진초(秦楚), 용인인이다. 충정왕조에 문하우시중, 구성백(駒城伯)을 받았다. 포은, 목은 선생께 사사하였다. 이성계의 등극에 울분으로 병이 들어 돌아가셨다. 공의 유훈으로 삼대불사(三代不仕)하라 해서 자손들이 굳게 지켰다고 한다.

玉溪書院 眞韻

人傑仁同自古眞　　玉溪書院節臣珉
陛前薇樹赤花苾　　檻後松林蒼木賁
府尹積功洪水治　　忠貞畢義敬身新
傳承父子大儒道　　崇祖雲仍京客親

옥계서원

인동의 인걸은 자고로 참인데
옥계서원엔 절개 있는 신하의 빗돌이 있도다.
섬돌 앞 엔 배롱나무가 붉게 피어 향기롭고
난간 뒤 솔 수풀은 푸른색으로 빛나도다.
부윤의 공적은 홍수를 다스렸고
충정으로 의를 마쳐 공경하는 몸이 새롭구나.
전해 받드는 부자는 큰 선비의 도요
조상을 받드는 후손들과 서울 나그네들 친해지누나.

▼ 해제(解題)

▪ 옥계서원은 2006년 6월 3일 경상북도 구미시 인의동에 있으며 칠호가 탐방하였다. 송은 장충정공을 제향한 서원이다. 공의 諱는 안세(安世), 號 송은(松隱)이며 시호는 충정이며 안동인이다. 고려말 벼슬이 덕녕 부윤일 때 수로를 만들고 만세교를 놓아 큰 물을 잘 다스려 함흥부민의 칭송을 받았다. 임신변역에 옥산에 숨어 충절을 지킨 분이다.

永慕齋 文韻

雨歇清原一榭文　　古齋永慕掛書群
庭前含水赤松馥　　欄後載風碧竹氛
避世守貞忠節表　　歸鄉不仕耜田耘
遺言平土從三代　　名閥綿綿梧隱君

영모재

비 그친 청원에 한 정자 빛나는데
옛 영모재실엔 많은 글이 걸려있구나.

뜰 앞에 적송은 물 머금어 향기롭고
난간 뒤 바람 푸른 대의 기운이로다.

세상 피해 곧음을 지키는 충절의 표시요
벼슬을 버리고 귀향하여 밭을 일구었도다.

평토하라는 유언 삼대가 따랐고
명문으로 이어 내려오는 오은의 향기로다.

해제(解題)

■ 영모재 : 2006년 6월 10일 충청북도 청원군 오창면에 있는 여말충신 안렴사 김사렴을 모시는 재실을 찾았다. 공은 안동김씨로 평장사 김방경 장군의 후손이다. 이태조가 등극하자 두문동 72현으로 청주에 피해 살며 내가 죽으면 봉분도 하지 말고 비석도 세우지 말라고 유언했다고 한다.

下松齋 元韻

自古善山忠孝元　　下松齋室閥門根
上端王系鷄林紹　　高竪石碑堅志惇
和義封名嘉仕績　　隱居大節守君恩
京儒昔日顧懷裏　　一坐賡歌吟曲尊

하송재

예로부터 선산은 충효가 으뜸인데
하송재실은 김씨 명문의 뿌리로다.

위끝은 왕 계통으로 계림에서 이어졌고
높이 있는 돌 비석은 굳은 뜻이 두텁더라.

화의로 봉해진 이름은 벼슬산 공적이 아름답고
숨어산 대절은 임금 은혜를 지켰도다.

서울 선비 옛날을 돌아보는 속에
한 자리에 앉아 갱가로 기리는 노래 높더라.

∀ 해제(解題)

▪ 하송재는 2006년 7월2일 경상북도 구미시 선산읍 포상리에 있다. 김 목사공 諱 기(起)의 재실이며 선산인이다. 음보로 정순대부 광주목사가 되어 화의군(和義君)에 봉해졌다. 고려의 운이 다하자 벼슬을 버리고 선산 옥성산에 은거하여 정절을 지켰다. 야은과 송은과 더불어 선산 3은으로 일컬어졌다.

永慕亭 寒韻

全國暴雨裏亂寒　　羅城晴景野山端
丘中亭閣老槐藪　　礎上噲正長大欄
不仕遺言三代守　　杜門傳訓萬年安
高麗十烈敬忠特　　雅號爲呈錦隱歡

영모정

온 나라가 폭우로 마음이 어지럽고 찬데
나성은 맑게 갠 경치 들과 산이 단정하구나.

언덕 가운데 정각은 늙은 괴화나무 숲이요
초석 위 시원한 마루는 길고 큰 난간이로다.

벼슬 말라 유언은 삼대가 지켰고
문을 막고 전한 교훈 만년이 편안하도다.

고려의 십열 중에서 곧은 충성 우뚝하여
아호를 지어 올렸더니 금은공은 기뻐하시누나.

✔ 해제(解題)

※ 2006년 7월 16일에 전라남도 나주시 다시면 회진리에 있는 영모정을 찾았다. 여말대절 林금은공이 세운 정자다. 금은공의 諱는 탁(卓), 號는 금은(錦隱), 나주인이다. 벼슬이 해주감무와 소윤에 이르렀으나 임신변역에 금성 회진으로 내려가 불사이군의 충절을 지켰다. 공의 아들도 공의 유훈을 따라 절의를 지켜 삼대 절의라 칭한다.

永慕齋 刪韻

土末康津神道刪　　蒸炎扇動古齋關
檻前陛下淑泉冷　　檐後園中綠草斕
遺訓勿碑孤節表　　敬承崇祖閥門顔
遠鄕隱遁立高義　　京客賡歌天上飁

영모재

땅 끝 강진에 신도가 깎였는데
찌는 더위에 부채질하는 옛 재실의 문이로다.
난간앞 계단아래 맑은 샘이 찬데
처마 뒤 동산 가운데 푸른 풀이 빛나는구나.
비를 세우지 말라는 유훈은 고절의 표시요
높은 조상을 받드는 김문의 얼굴이로다.
먼 고향 은둔은 높은 의를 세움인데
서울 손 이어부르는 노래 하늘위로 날더라.

∨ 해제(解題)

▪ 영모재를 2006년 8월 6일 찾았다. 영모재는 전라남도 강진군 작천면 토마리에 있으며 공의 휘는 金 칠양(七陽), 호는 강은(康隱), 안동인이다. 과거에 뜻이 없어 목은, 포은 재종인 척약재와 성리학을 연구하였다. 늦게 현령으로 나갔으나 임신변역에 벼슬을 버리고 낙향하여 정절을 지켰다.

慕先齋 先韻

松里洛陽忠孝先　元翁齋室兩門堅
高欄長桷赤青彩　玉陛石墻紅綠姸
兄弟異途相避隱　雲仍同訓假山全
雙虹雨後暮天掛　介節孤臣稱大賢

모선재

솔마을 낙양은 충효로 앞서는데
원옹의 재실엔 양문이 단단하구나.

높은 난간 긴 서까래 단청으로 채색됐고
옥섬돌 돌담은 붉고 푸른 것이 곱구나.

형제들은 길이 달라 서로 피해 숨었고
후손은 가르침 같이하여 거짓 산 온전했다.

비온 뒤 쌍무지개 저녁 하늘에 걸렸고
깨끗한 절개 외로운 신하 큰 어진이라 불리더라.

해제(解題)

▪ 모선재를 2006년 8월 19일에 찾았다 모선재는 경기도 의정부시 낙양동에 있다. 여말절신 元 양촌공 諱 선(宣)의 재실이다. 원주인으로 벼슬이 중정대부 판삼사좌윤에 이르렀으나 임신변역에 두문동으로 들어갔다. 벼슬에 나가지 말라는 계훈을 어긴 둘째 아들이 묘소에 참배하자 졸사(猝死)케 한 대절이 서릿발처럼 묘역에 넘쳐난다.

養眞堂 蕭韻

處暑路邊楓葉蕭　洛江北岸古堂喬
庭中紅木綠園迓　檐上靑天鴻進料
勿仕養眞先祖潔　奉誠崇敬後孫謠
姜翁淸節顧懷裏　日暮京儒詩唱翻

양진당

처서의 길가엔 단풍과 쑥이요
낙동강 북쪽 언덕엔 옛집이 높구나.
뜰 가운데 붉은 나무 푸른 동산이 맞아주고
처마 위 푸른 하늘엔 기러기 떼를 헤아리네.
벼슬을 물리친 양진은 선조의 깨끗함이요
정성 받들어 높이는 공경은 후손의 노래로다.
강옹의 깨끗한 절개를 추모하는 속에
해는 저무는데 서울 나그네 시창이 날리는구나.

▼ 해제(解題)

■ 양진당을 2006년 9월 3일 탐방했다. 경북 안동시 수상동에 있는 여말절신 姜 공목공의 재실이다. 諱 시(蓍), 시호는 공목(恭穆)으로 19세에 문과에 장원하여, 안동대도호부사를 거쳐 벼슬이 문하찬성사에 올랐으나, 임신변역 후에 벼슬을 버리고 시와 술로 여생을 보내며 충절을 지켰다.

忠慕齋 肴韻

旌節焚香獻酒肴　　京儒探訪鳳岩郊

舊銘碑碣義仁尙　　新築齋宮丹碧媌

被髮老翁堅志表　　餓飢介狷古臣旓

南仙紺岳樹林屈　　今日七豪詠唱巢

충모재

정절사에서 분향하며 술과 안주를 바치고
서울 선비 탐방하는 봉암의 들이로다.

옛날에 새긴 비석엔 의와 인이 높고
새로 지은 재궁엔 단청이 아름답도다.

피발노옹은 굳은 뜻의 표시요
굶어가며 지킨 절개 옛 신하의 깃발이로다.

감악산 남선굴 깊은 숲속에서
오늘은 칠호들 부르는 노래 높도다.

✔ 해제(解題)

▪ 충모재를 2006년 9월 10일에 탐방하였다. 경기도 양주군 은현면 봉암리에 있으며 南 곡은공을 모시는 재실이다. 곡은공은 諱 을진(乙珍), 號는 곡은(谷隱)으로 의령인이다. 공민왕조에 장원급제하여 벼슬이 자헌대부 참지문하부사에 이르렀으나, 고려 말 정치가 혼탁해지자 감악산 골짜기 남선굴에 들어가 머리 풀고 굶어 돌아갔다.

鳳停齋 豪韻

盈德山川秋色豪　蒼空黃野一齋高
檐懸風磬猷軒唄　板著名書牧隱掏
被禍申門悲痛恨　投身碧海獨忠旄
當時大節在何處　此地鳳停參拜曹

봉정재

영덕의 산천은 가을빛이 넉넉한데
푸른 하늘 누런 들엔 한 재실이 높구나.

처마에 매달린 풍경은 유헌공의 노래요
판에 쓰인 명서는 목은공이 지어 주었네.

신씨 가문에 입은 화는 비통의 한이요
푸른 바다에 투신은 외로운 충성의 깃발이로다.

당시의 대절은 어느 곳에 있는고
이 땅의 봉정재에는 참배하는 무리로다.

해제(解題)

▪ 봉정재는 2006년 10월 1일에 찾았으며 경상북도 영덕군 창수면 미곡리에 있다. 이유헌 신공(理猶軒 申公)을 모시는 재실이다. 공의 휘는 중청(仲淸), 字 징수, 평산인이며 이유헌은 그 號이다. 고려개국공신 신숭겸의 후손으로 벼슬이 대광첨의판문하사에 이르렀으나 임신변역에 3일을 통곡하고 동해로 들어가 순절하였다고 한다.

瑞雲齋 歌韻

昔日傳來旌善歌　　七賢麗末別悲多
深林坎宅吉墟特　　松塢古墳誠孝羅
樂洞里閣齋閣潔　　瑞雲山老敬忠磨
全門貫祖蔭高德　　幽谷採薇三代峨

서운재

옛날부터 전해오는 정선의 노래는
고려말 일곱 어진이 이별의 슬픔이 많도다.
깊은 숲 구덩이집은 명당으로 특이하고
솔 언덕 고분은 지극한 효도로 벌려있더라.
낙동마을에 재각이 깨끗하고
서운산 늙은이 높은 충성을 갈았도다.
전씨 문중 시조 할아버지 높은 음덕으로
깊은 골 채미헌공의 삼대가 높더라.

✔ 해제(解題)

■ 서운재를 2006년 10월 15일 강원도 정선군 남면 낙동리로 찾아갔다. 서운재는 여말대절 全 채미헌선생의 재실이다. 공의 諱 오륜(五倫), 號 채미헌(採薇軒), 정선인이다. 형조판서와 대제학을 지냈으나 임신변역에 두문동에 들어갔다가 선비 일곱 분과 이곳에 옮겨와 사니 이곳을 거칠현동으로 불렀다. 여말절신들이 이곳에서 불렀던 노래가 정선아리랑이라 한다.

學士公墓 麻韻

昔日忘川衣葛麻　只今高墓古碑嘉
龍淵灘畔釣磯石　光敎山風堅節牙
勸善杏壇孤一木　仁溪書塾秀多葩
騎牛學士在何處　谷谷水城傳說遐

학사공묘

옛날 망천은 갈포베옷을 입었는데
지금 높은 묘는 옛 비석이 아름답구나.

용연 물가 언덕은 한가한 낚시터 돌이요
광교산 바람은 맑은 절개의 싹이로다.

권선동 행단엔 외로운 한 나무요
인계동 서숙에는 빼어난 많은 꽃이로다.

소탄 학사들은 어디에 있는고
고을고을 수원성엔 전하는 말이 많더라.

✓ 해제(解題)

▪ 학사공묘를 2006년 11월 5일 탐방하였으며 경기도 수원시 장안구 하광교동에 있다. 공의 휘는 李고(皐), 號 망천(忘川)이며 여주이씨다. 공은 벼슬이 한림학사였으나 국정이 어지러워지자 수원 광교산에 들어가 호를 망천이라 하며 조견과 둔촌 삼학사가 함께 낚시를 즐겼다고 학사조대의 이야기가 전해온다. 우물 이름이 학사정이며 또한 아이들에게 착함을 가르쳐 권선동이란 이름이 지금도 있다.

松谷祠 陽韻

雨後立冬祈願陽　　古祠松谷菊花光
二株香木覽人界　　四面檐馬衆教堂
狷介柳翁師表特　　彈琴淸曲碩儒臧
秋風落葉蕭蕭裏　　過客讚歌萬載芳

송곡사

입동 비온 후에 햇빛을 기원하는데
송곡 옛 사당에 국화가 아름답도다.
두 그루 향나무는 인계를 살피고
사면의 풍경은 뭇사람을 가르치는 곳이로다.
고집스런 절개의 유옹은 사표로 우뚝하고
거문고 맑은 곡조는 큰 선비의 아름다움이로다.
가을 바람에 낙엽 지는 쓸쓸함 속에
지나는 나그네 기리는 노래 만년의 향기로다.

✔ 해제(解題)

※ 송곡사를 2013년 8월 23일 탐방하였으며 충청남도 서산군 인지면 예정리에 있다. 여말충신 柳금헌공을 모시는 사당이다. 금헌공은 휘 방택(方澤), 字 태보(兌甫), 호는 금헌(琴軒), 서산인이다. 공은 과거에 힘쓰지 않고 경학과 주역에 힘쓴 선비로 홍건적이 침범하여 나라에서 달력을 배포하지 못하자 달력을 만들어 썼으며 이후 사천감판사에 올랐으나 벼슬을 버리고 감군은곡을 지어 연주하였다.

明禋閣 庚韻

坤月德陽曉氣庚　　京賓歡待一齋明
宗山壇兆竹林帶　　柳氏祠堂風磬聲
父子無雙忠節特　　祖孫有別孝誠貞
古碑表面暮光煒　　遠客追懷頌唱淸

명인각

10월 덕양은 새벽기운이 찬데
서울 손 환대하는 재실이 밝더라.

종산의 단은 대숲의 띠요
유씨 사당엔 풍경의 소리로다.

부자의 둘도 없는 충절이 우뚝하고
조손의 유별한 효성이 곧도다.

옛 비석 표면은 저녁노을에 빛나고
멀리 온 나그네 기리는 노래가 맑더라.

▼ 해제(解題)

▪ 명인각을 2006년 12월 10일 찾아갔다. 경기도 고양시 덕양구 행신동에 있다. 여말절신 柳 파은공을 모신 단이다. 공의 휘는 혜손(惠孫), 號 파은(坡隱), 진주인이다. 벼슬이 문하첨의평리판후덕부사에 올랐으나, 김저 옥사에 연루되어 유배당했다. 신조에서 7번이나 불렀으나 불응하고 절의를 지켰다.

景德齋 青韻

十月寒林松柏青　古齋前面秀山垌
高陽峙上紫霞起　大墓碑中堅節聆
武愍從軍貞義特　養眞奉侍孝誠婷
儒臣遺址在何處　景德楣名世世馨

경덕재

10월 찬 수풀에 소나무 잣나무 푸른데
옛 재실 앞에는 관산의 아름다운 산들이더라.

고양산 위에는 연하가 일어나고
큰 무덤 비석 가운데는 충절이 들리더라.

무민의 군대를 따름은 곧은 의가 우뚝함이요
양진을 받들어 모심은 효성의 아름다움이로다.

선비의 남은 터는 어느 곳에 있는고
경덕의 현판이름은 대대로 향기롭도다.

✔ 해제(解題)

▪ 경덕재를 2006년 12월 10일에 탐방하였다. 경기도 고양시 관산동에 있는 강(姜) 통계공의 재실이다. 공의 諱 회중(淮仲), 號는 통계(通溪)공이다. 우왕 때 벼슬이 보문각 대제학에 이르렀다. 임신변역에 두문동에 들었다가 고양군 고봉산중에 숨었다. 조선건국에 이색과 함께 결당모란(結黨謨亂) 하였다는 죄로 죽임을 당하였다.

泮谷書院 蒸韻

朝走完山積雪蒸　　京賓滑屝古齋登
門前十丈黑碑陛　　廟後四圍青竹陵
牧圃交遊孤節守　　雲仍崇敬孝誠承
西山日暮讚歌裏　　追慕鞠翁長久增

반곡서원

아침에 완주에 달려가니 많은 눈이 쌓여
경빈들은 미끄러운 신으로 옛 재실에 올랐도다.

문 앞에는 열 길의 검은 빗돌의 뜰이요
사당 뒤 사방 둘레는 푸른 솔의 언덕이로다.

목은 포은과 교유하며 외로운 절개를 지켰고
후손들은 높이 공경하여 강상을 이었도다.

해는 서산으로 지는데 기리는 노래 속에
추모하는 국옹은 장구히 더하리로다.

▼ 해제(解題)

▪ 반곡서원을 2007년 1월 7일 탐방하였다. 전라북도 완주군 비봉면 수선리에 있다. 여말충신 복애공을 제향하는 서원이다. 공의 姓은 국(鞠), 휘(諱)는 유(濡), 담양인이다. 이제현 문하에서 수학하였으며 호부상서겸 판의금부사가 되었으나 임신변역에 두문동에 들었다가 불을 질러도 나오지 않아 불타 죽었다.

懿德祠 尤韻

丙戌季冬閑寂尤　　孤臣懿德古齋丘

三門大柱長安號　　八作高家祖廟頭

梅竹蘭香眞善畵　　吉凶占易正當修

雲巖忠義在何處　　平澤松林陽地烋

의덕사

병술년 늦겨울 더욱더 한적한데
고신의 의덕이란 옛 재실의 언덕이더라.

삼문의 큰 기둥은 장안이라 이름했고
팔작 높은 집은 할아버지 사당의 으뜸이로다.

매 죽 난을 참으로 잘 그렸고
길흉 점치는 역을 바르게 마땅히 닦았도다.

운암의 충과 의는 어느 곳에 있는고
평택 송림의 볕바른 땅이 아름답도다.

∨ 해제(解題)

▪ 의덕사는 2007년 1월 21일 탐방하였다. 경기도 평택시 장안동에 있는 운암 차공(雲巖車公) 휘 원부의 사당이다. 연안차씨로 諱 원부(原頫)이며 공민왕조에 간의대부에 올랐다. 두문동 72현의 한 분이며 하륜 정도전 등이 차씨의 외손으로 서출을 족보에서 밝혀 원한을 받아 이숙번에 의해 공과 부인 일족 81명이 몰살당했다.

忠義祠 侵韻

大呂興陽春氣侵　　和風深谷一齋臨

庭前冬柏碩儒迓　　墻側靑松古老尋

避世隱居忠義表　　歸鄕修學德儒箴

無雙氷玉淑貞特　　麗末兩家堅節欽

충의사

12월 고흥엔 봄기운이 들어와
온화한 바람이 깊은 계곡 한 재실에 임했네.
뜰 앞엔 동백꽃 서울 선비를 맞이하고
담장 뒤 푸른 솔 옛 노인을 찾더라.
세상 피해 산 것은 충의의 표시요
귀향해 학문을 닦음은 덕 있는 선비의 경계로다.
둘없는 장인 사위 맑고 곧음이 우뚝하고
여말 두 집안의 굳은 절개 공경하는도다.

✔ 해제(解題)

▪ 충의사를 2007년 2월 4일에 탐방하였다. 전라남도 고흥군 남양면 침교리에 있다. 申호촌공 추모처다. 공의 諱는 포시(包翅), 號는 호촌(壺村), 고령인이다. 포은이 피화함을 보고 통곡 입산하였고, 임신변역에 아버지 순은공과 장인 수은 김충한을 모시고 남원 호촌에 숨어 신조에서 여러 번 불렀으나 나가지 않았다.

景杜齋 覃韻

徐月南原瑞氣覃　　一齋庭內暖陽甘
白龍山上石牆繞　　杜谷林中碑首嵐
樹隱亂時深遠遯　　壺村逍日詠吟諳
柱聯高調顯名筆　　氷玉節臣千古修

경두재

12월 남원엔 상서로운 기운이 돌아
한 재실 뜰 안엔 따뜻한 햇볕이 좋더라.
백룡산 위는 단 담장이 둘려있고
두곡 수풀 가운데 비석머리 아지랑이로다.
수은은 난시에 깊이 멀리 숨었고
호촌은 소일하며 영음을 알았도다.
주련에 높은 가락 명필로 달아놓았고
장인 사위 절신으로 천고에 아름답도다.

해제(解題)

■ 경두재는 2007년 2월11일에 탐방하였다. 전라북도 남원군 송동면 두신리에 있다. 공의 諱 충한(沖漢), 경주金氏이며 호촌 신포시가 사위이다. 벼슬이 봉익대부예의판서가 되었으나 임신변역에 두문동에 들어갔고, 채미헌 전오륜과 정선 칠현동에 숨었다가 사위 신호촌을 데리고 두류산 두곡에서 살다 생을 마쳤다.

政丞公墓 鹽韻

自古忠臣身苦鹽　　雨中藍浦一齋謙
昔賢高臥角墳肅　　深谷淸流傳說纖
父子杜門堅節屹　　祖孫罔僕狷忠嚴
至今德號雅儒定　　天淚徐霑感動添

정승공묘

옛부터 충신은 몸이 고달픈데
빗속의 남포에 한 재실이 소박하구나.
옛 어진이 높이 누운 네모 무덤이 엄숙하고
깊은 골 맑게 흘러 전해오는 이야기 곱더라.
부자가 문을 걸어 잠근 절개가 높고
조손의 벼슬 안한 굳은 충성이 엄하구나.
지금에 이르러 덕호를 서울 선비 정해 올리니
하늘의 눈물이 서서히 적셔 감동을 더하는구나.

▼ 해제(解題)

■ 정승공묘를 2007년 3월 4일에 탐방하였다. 충남 보령시 웅천읍 평리 동막산에 있다. 공의 諱는 항(珦), 號 남은(藍隱), 풍천인이다. 벼슬이 정승공에 이르렀다. 임신변역에 예로 여러 번 불렀으나 詩書로 여생을 보내며 숨어 살았다. 아들과 손자도 공의 뜻에 따라 신조에 불복한 대절의 가문이다.

忠簡公墓 咸韻

春色氤氳天地咸　　唐津高操爽風監

松林古墓躑花繞　　神道烏碑煙霧凡

新主親臨要請助　　舊都鎭護敬師岩

千年往事顧懷裏　　今日賡歌有孰劖

충간공묘

봄빛 따뜻한 기온 천지가 모두 다인데
당진의 높은 시원한 바람이 감시하는구나.

솔숲의 옛묘는 진달래꽃에 둘려있고
검은 신도비엔 연무가 범상하더라.

새 임금 친히 와서 도움을 청했고
옛 도읍 진압해 보호하는 스승의 바위로다.

천 년의 지난 일을 추회하는 속에
금일 갱가 누가 있어 새기리요.

✔ 해제(解題)

▪ 충간공묘를 2007년 4월 1일에 찾아갔다. 충간공묘는 충남 당진군 당진읍 시곡리에 있으며 여말충신 尹충간공의 묘소이다. 공의 諱는 황(璜), 號는 후송(後松), 남원인이다. 충간공은 벼슬이 공조전서를 역임하였다. 임신변역에 망복을 맹세하고 두문 수절하였다. 태종이 공의 집에까지 찾아와 높은 벼슬로 권하였으나 불응한 절신으로 서산 송곡사에 배향하였다.

第三部

麗末節臣

陶隱齋 東韻

地上日光開自東　　星州事實國情通
伽倻山脈嵎嵎屹　　幕舍瓜田曲曲洪
麗末先儒孤節特　　今時後裔孝心忠
紅塵諷刺歎聲銳　　過客銘肝拜禮崇

도은재

땅 위의 햇빛은 동으로 부터 열리고
성주의 일어난 일 나라의 정세와 통하도다.

가야 산맥은 높고 높이 솟았고
비닐 막사 참외밭은 굽이굽이 크더라.

고려말 선비의 절개 우뚝한데
지금의 후예 효성이 정성스럽구나.

어지러운 세상 풍자의 놀라움이 날카로운데
과객이 가슴에 새기며 머리 숙여 절한다.

✔ 해제(解題)

▪ 도은재를 2005년 8월 7일에 탐방했다. 경상북도 성주군 수륜면 신파리에 있다. 李도은공의 재실로 공의 휘는 숭인 (崇仁), 字 자인(子安), 성주인이다. 공민왕 11년에 문과 급제 후 벼슬이 예문각제학에 이르렀으나, 이초옥사로 청주옥에 갇히었고, 임신변역에 충의지절을 지킨 두문동 72현이다.

松山墓 冬韻

今日詩題韻字冬　　清溪覓句逆青松
高麗節士隱居處　　亡國古都望哭峯
墓制破碑堅志表　　改名遺訓美香顒
弟兄異義有言誤　　此後誰知第一宗

송산묘

금일 시제가 '동'자 운이라
싯귀 찾으러 청계 가니 푸른솔이 반기더라.

고려 때 절사가 숨어있던 곳이요
망한 나라 옛 서울 바라보며 통곡하던 봉우리로다.

묘제와 깨어진 비석은 굳은 뜻을 나타냄이요
이름 고치며 남긴 가르침 아름다운 향기가 크도다.

아우 형 다른 뜻에 전하는 말이 잘못되었고
이 뒤로 뉘 있어 제일 높은 것을 알리요.

▼ 해제(解題)

▪ 송산묘를 2005년 8월 21일 일요일에 찾아갔다. 경기도 의정부시 민락동에 있다. 송산 조공의 묘이다. 공의 휘는 견(狷), 字 거경(巨卿), 松山은 그의 號이며 평양인이다. 고려 말 안렴사가 되었고 임신변역에 신조에서 예로 불렀으나 나가지 않고 양촌 원선과 설악재 정구와 더불어 시와 거문고를 즐겼다고 한다. 묘에 개국공신평간공조공지묘(開國功臣平簡公趙公之墓)라고 비석을 세웠는데 벼락이 쳐서 '조공지묘'만 남아있다.

龍岡書社 江韻

白露南行越漢江　　興麗當到昔齋龐
潭前水鳥迓京客　　廟後石壇怟古邦
豆粥忠臣徒有特　　弟兄高節一無雙
二株老杏寂門守　　檐下清聲律韻腔

용강서사

백로에 한강을 넘어 남쪽으로 가는데
흥려에 당도하니 옛 재실이 크도다.

연못엔 물새가 서울 손 맞아주고
사당 뒤엔 돌단이 옛 나라를 높여주네.

죽만 먹은 충신 다만 하나만 있을 뿐이요
아우 형 높은 절개 정말 둘도 없구나.

두 그루 늙은 은행나무 한적한 문을 지키는데
처마 밑에서 들리는 노래 소리 맑더라.

▼ 해제(解題)

▪ 용강서사를 2005년 9월 4일에 찾아갔으며 경상남도 양산시 웅산면 용당리에 있으며 박사계공을 제향한 서원이다. 공의 諱는 추(諏), 울산인이고, 사계(沙溪)는 그 號다. 공민왕조에 등과하여 벼슬이 충청감사와 한주백에 이르렀다. 고려가 망하자 두문동에 들었다가 이곳 사랑동에 모옥을 짓고 살았다.

龜巖亭 支韻

六角小亭院址支　漢江一曲詠忠儀
此厓碩士讀經處　彼水石灘魚釣基
舊友探尋無仰禮　新王徵聘未和詩
弟兄大節遠綿裏　今日廣州李姓离

구암정

육각의 작은 정자 서원 터를 지탱하고 있는데
한강 한 구비에서 충의를 노래하는구나.

이 언덕은 큰 선비 글 읽던 곳이요
저 물은 석탄이 물고기 잡던 터로다.

옛 친구 찾음에 우러르는 예가 없었고
신왕이 부름에도 순응하는 시가 아니었도다.

형제의 큰 절개 면면히 멀리 이어지는 속에
오늘날 광주이씨 성이 밝구나.

✔ 해제(解題)

▪ 구암정을 2005년 10월 24일에 탐방하였으며, 서울특별시 강동구 암사동에 있다. 이집 둔촌공을 주벽으로 석탄공 이양중, 추단 오윤겸, 소암 임숙영, 수봉 정정엽,승지 정성근 여섯분을 모셨던 서원터에 지은 정자다. 석탄공 이양중은 본관이 광주이씨로 고려 말 형부좌참의 벼슬을 지냈으며 임신변역에 항절하여 구암정 터에서 낚시하며 지냈다고 한다.

崇義齋 微韻

玄月秋陽漸漸微　　過年雁陳碧珍歸
鏡湖水上白蘆茂　　瓦也山頭青竹巍
杜隱落鄕高節示　　李門崇義讚譽飛
京儒今日詠歌裏　　忠孝傳家千世輝

숭의재

구월 가을볕이 점점 엷아지는데
지난 해 기러기 벽진으로 돌아오네.

경호수 위에는 흰 갈대꽃이 무성하고
와야산 머리엔 푸른 대나무가 높구나.

두은의 낙향은 고절을 보임이요
이문의 높은 의로움 명성이 나는구나.

서울선비 오늘의 맑은 노래 속에
충효가 전해오는 집 대대로 빛나리라.

해제(解題)

▪ 숭의재를 2005년 10월 9일에 찾았으며 경북 김천시 부항면 지좌리에 있다. 고려 말 절신 두은(杜隱) 李공을 추모하는 재실이다. 공의 휘는 존인(存仁), 벽진인이다. 공민왕조에 문과 벼슬이 공조전서에 이르렀고 고려의 국운이 다하매 벼슬을 버리고 귀향하여 시금(詩琴)으로 달래다 생을 마쳤다.

返舊亭 魚韻

返舊伴鷗其魯魚　　奉松萬古太明墟

北高峯霧繞亭閣　　南大川聲傳節閭

絶事歸鄕思復念　　禮徵對答慕麗書

子孫報本至誠極　　代代綿綿忠孝餘

반구정

반구의 반구를 어찌 구별 못 하리요
송경을 받드는 만고의 밝고 밝은 터로다.

북쪽 높은 봉우리 안개 정각을 둘렀고
남대천 물소리 절개마을을 전하네.

일 끊고 귀향하여 회복을 생각하는 것뿐이요
예로 불렀으나 대답은 고려를 사모하는 글이로다.

후손들 근본에 보답하는 정성이 지극하니
대대로 이어오는 충효의 남음이로다.

✔ 해제(解題)

▪ 반구정을 2005년 10월 23에 탐방하였으며 경북 영주시 영주동 구성산 기슭에 있다. 權 사복재공의 재실이다. 공의 諱는 정(定), 號 사복재(思復齋), 안동인이다. 공은 우왕 때 벼슬이 좌사간에 이르렀으나 임신변역에 안동으로 내려와 고려의 회복을 생각한다 하여 사복재라 이름하고 반구정(返舊亭)이라 하였으며, 송경을 받든다고 奉松臺를 쌓았다고 한다.

桑村齋 虞韻

北向松都每淚虞　　盡忠誠孝至高孤
子依嚴命擔棺順　　父到山陔飮毒圖
神道銘詩堅節示　　墓庭臥石一言驅
京儒讚曲慇懃裏　　今日九泉老正愉

상촌재

북쪽 송도를 향해 매양 눈물로 걱정하고
충성을 다한 정성스런 효도 참으로 높도다.
아들은 엄한 명령에 관을 지고 따랐고
아버지는 산언덕에 이르러 음독을 생각했도다.
신도비에 새긴 시는 굳은 절개를 보여주고
묘 앞에 누운 돌은 오직 한마디 말로 몰았도다.
서울 선비 기리는 노래 은근한 속에
오늘은 구천에서 어른은 정말 기뻐하리로다.

해제(解題)

▪ 상촌재를 2005년 11월 19일에 탐방하였으며 경기도 광주군 오포면 신현리에 있다. 공의 휘는 金자수(自粹)로 號 상촌(桑村)이다. 공민왕조에 관찰사로 있다가, 고려가 망하자 두문동에 들어갔다가 안동으로 돌아갔다. 상촌공은 아들과 함께 광주의 퇴재에서 아들에게 내가 죽을 곳이라며 이 고개에 나를 묻고 묘도 평토로 하고 비석도 세우지 말라고 했다 한다.

望松齋 齊韻

豚月秋光山水齊　　江陽谷谷菊花黎

望松齋閣里中特　　幽宅方墳畔上棲

投紱歸鄉忠義守　　杜門隱遯牧樵携

停車過客仰神道　　千古節臣祈祝禔

망송재

시월 가을빛에 산수가 가지런한데
합천 골짜기엔 국화가 많구나.

망송재각은 마을 가운데 우뚝하고
네모난 눕자리가 언덕 위에 깃들었도다.

벼슬 버리고 귀향해 충의를 지키고
두문동에 숨으니 목은 초은이 이끌어 주었도다.

수레를 멈춘 나그네 신도를 우러르며
천고에 절개 지킨 신하에 빌고 비는 복이로다.

해제(解題)

▪ 망송재를 2005년 11월 20일에 찾았다. 경상남도 합천군 용지면 용지리에 있다. 공의 휘는 철중(哲仲), 號는 몽계(夢溪)이며 청주한씨(淸州韓氏)이다. 공민왕 때 안렴사 예의판서에 이르렀으나 고려의 운이 다하매 두문동에 들어갔다가 합천 조도에 숨었다. 봉분도 비석도 세우지 말라고 유언하였다고 한다.

經義齋 佳韻

復月錦城瑞雪佳　墓前當到白花崖
居平祠逕黑碑特　經義齋隅檐馬儕
紅賊亂離車駕扈　望松痛哭衆賢偕
岳公大節有誰讚　今日京儒深感懷

경의재

십일월 나주에 서설이 아름다운데
사당 앞에 당도하니 하얀 언덕이구나.
거평사 뜰에는 검은 비석이 우뚝하고
경의재 모퉁이엔 풍경소리 짝하네.
홍건적 난리에 임금님 수레를 몰았고
송경 바라보며 통곡하는 어진이들 함께 했네.
악은공의 대절은 뉘 있어 기리는고
오늘 서울 선비들 감회가 깊구나.

▼ 해제(解題)

▪ 경의재를 2005년 12월 4일에 탐방하였다. 전라남도 나주시 문평면 도곡리에 있다. 악은 노공(岳隱魯公)의 재실이다. 공의 휘는 신(愼)이며 함풍인이고 악은은 그의 號이다. 공민왕조에 음보로 감무가 되었고 홍건적을 정벌함에 함풍군에 봉해졌다 임신변역에 보봉산에 들어가 두문불출하였다고 한다.

麗窩公墓 灰韻

歲末山川光褐灰　　新年丙戌願明開
壬申節士清溪訪　　乙酉詩豪廣谷來
林塢麗窩孤一墓　　碑文縣令薦三盃
不長王業嘆嗟裏　　筆禍鳴呼當日催

여와공묘

세밑 산천은 갈회색인데
신년 병술해엔 밝게 열리길 바란다.
임신년 절사의 청계를 찾아왔고
을유년 시호들은 광곡을 왔네.
수풀언덕 여와공의 외로운 한 무덤인데
비문엔 현령이 술 석잔을 올렸도다.
왕업이 길지 못함을 탄식하는 속에
아! 필화를 당일에 재촉했도다.

해제(解題)

▪ 여와공묘를 2005년 12월 31일에 탐방하였으며 경기도 의왕시 내손동 포일리 광곡에 있다. 여와공의 초명은 반(攽), 號는 여와(麗窩) 또는 죽송오(竹松塢), 이천 徐씨다. 공은 포은이 화를 당하고 나라가 망하자 종신토록 북쪽으로 향해 앉지도 않았다고 한다. 방원이 조차 공을 보고 백이 숙제와 같이 가상하다고 말했다고 한다. 혈손이 없어 외손 봉사가 지금까지 내려온다고 한다.

鳴灘書院 眞韻

姑洗山川綠軟眞 長江古邑滿花昈
熊津波上白鷗樂 書院庭中青竹彬
昔日節臣嘆息久 今時京客顧懷新
草頭名子潔家守 忠孝綿綿千代臻

명탄서원

삼월 산천은 연록색으로 참인데
긴 강 옛 고을은 가득한 꽃이 어울리는도다.

곰나루 파도 위엔 백구가 즐기는데
서원 뜰 가운데 청죽이 빛나는구나.

옛날엔 절신의 탄식이 오랬고
지금 서울 나그네 추회가 새롭도다.

풀머리 아들이름 깨끗한 가문을 지키고
충효가 면면히 천대에 이르리라.

∀ 해제(解題)

▪ 명탄서원을 2007년 5월 13일에 탐방하였다. 충남 공주시 월송동에 있다. 李송은공을 모신 재실이다. 공의 휘는 명성(明誠), 字 경장(敬章), 시호는 문성(文成), 공주인이다. 고려조에 벼슬이 감찰어사에 지제고를 겸하였다. 고려가 망하자 강원도 이천에 숨었다. 신조에서 여러 번 불렀으나 나오지 않자 태종이 산에 불을 질러 타죽었다. 세 아들을 모두 초두(草頭) 머리글자로 이름을 지었다.

慕松齋 文韻

榴夏楊州景色文　一齋深谷碧松群

噲正京客古風慕　高柱聯吟書味芬

新主親臨觀稼號　舊時堅守狷心慇

追懷大節讚歌裏　査頓兩家吾祖欣

모송재

오월 양주의 경치가 아름다운데
깊은 고을 한 재실 푸른 솔 무리로다.

시원한 마루 서울객 고려풍을 그리워하고
높은 기둥에 걸린 시 글맛이 향기롭도다.

새 임금 친히 와서 관가정이라 이름하고
옛 때를 굳게 지키는 고집의 은근함이로다.

대절을 추회하며 기리는 노래 속에
사돈 맺은 두 집에서 우리 할아버지 기뻐하시리.

✔ 해제(解題)

▪ 모송재를 2007년 6월 16일에 탐방하였다. 경기도 남양주군 진건면 용정1리에 있다. 崔송은공을 기리는 재실이다. 공의 휘는 청(淸), 字 직재(直哉), 號 송은(松隱), 경주인이다. 공은 이제현 문하로 벼슬이 정당문학에 올랐다. 고려가 기울자 두문동에 들어갔다가 양주 풍양으로 와 세상을 끊고 은거하였다. 왕이 달래려 공이 사는 산을 어래산이라 내려 주었으나 송산으로 가서 조견과 살았다고 한다.

浮海亭 元韻

鐵邑山河天惠元　　節臣麗末考槃坤
大齋楣號雅華筆　　瓦屋家聲貴顯門
浮海韜身淸介本　　爲民報德至誠恩
京儒一曲爽風裏　　竹籟和音昔老尊

부해정

고성의 산과 물은 하늘의 은혜가 큰데
여말절신이 시골 내려와 살던 땅이로다.
큰 재실 현판이름은 단정한 아름다운 붓이고
기와집 집안 명성은 귀히 드러낸 문이로다.
바다에 몸을 던진 깨끗한 절개의 근본이요
백성을 위해 보덕하는 지성의 은혜로다.
서울선비 한 곡조 시원한 바람 속에
단소와 어울려 옛 늙은이 높아지는구나.

해제(解題)

※ 부해정을 2007년 7월 1일 탐방하였으며 경상남도 고성군 회화면 배둔리에 있다. 盧 시중공을 위한 정자이다. 공의 휘는 인정(仁正)으로 벼슬이 시중에 이르렀으며 공은 청렴결백하고 공명정대하였다. 고려의 운이 다하자 고성으로 낙향하여 후학을 가르치다가 임신변역에 남해바다를 밟아 돌아오지 않았다.

長沙齋 寒韻

冒雨浸身感氣寒　　鼻門手塞赴高壇
墓碑前面蚴龍劃　　祭閣噲正長繞欄
麗末爲王忠敬守　　近來崇祖孝誠安
追懷往事讚歌裏　　都統使翁怡悅歡

장사재

비를 무릅쓴 몸이 차가우니 감기 들어
코를 막고 높은 단에 다다랐도다.
묘비 앞면은 용이 나는 듯한 획이요
제각의 시원한 마루 길게 둘린 난간이로다.
여말 왕을 위해 충성과 공경을 지켰고
근래엔 조상 높이는 효성이 편안하도다.
지난 일을 추회하며 기리는 노래 속에
도통사옹이 흐뭇한 기쁨을 즐기누나.

✔ 해제(解題)

▪ 장사재는 2007년 8월 5일 탐방하였다. 전라북도 고창군 상하면 하장리에 있다. 공의 諱는 신보(臣寶), 상산金氏이다. 최영장군의 사위로 공민왕조에 홍건적 토벌에 공을 세워 대호군이 되었고 왜구토벌에 큰 공을 세워 도통사에 올랐다. 임신변역에 관직을 버리고 지금의 장성으로 내려와 살며 신조에서 여러 번 불렀으나 끝내 물리치고 절의를 지켰다.

洛東書院 刪韻

雨後南天殘暑刪　　達城古邑野川斕
紅牆書院節臣侍　　青竹公園史館班
麗末成仁堅守節　　今時盡孝譽門顏
焚香再拜感銘裏　　一坐京儒賡唱鸝

낙동서원

비온 후 남쪽하늘 남은 더위가 덜어지고
대구의 옛 도읍 산천이 빛나는구나.

붉은 담장의 서원은 충신을 모셨고
푸른대의 공원은 역사관으로 나뉘었구나.

여말에 인을 이룸은 굳게 지킨 절개요
지금은 효를 다한 명문의 얼굴이로다.

분향하며 재배하여 가슴에 새기는 속에
한자리 앉은 서울선비 갱창이 날리는구나.

∨ 해제(解題)

▪ 낙동서원을 2007년 9월 2일 탐방하였다. 대구광역시 달서구 상인동에 있다. 禹 양호당을 기리는 서원이다. 공의 諱는 현보(玄寶), 字 원공(元功), 號 양호당(養浩堂) 독낙옹(獨樂翁), 단양우씨이다. 우탁선생의 손자로 공민왕 조에 벼슬이 정당문학 문하시중에 올랐으나 포은이 화를 입자 그 시신을 해풍현에 장사지냈다. 이초의 난에 연루되어 유배되었고, 신조에서 대제학으로 불렀으나 응하지 않았다.

逸老公墓 先韻

全谷九秋黃菊先　　高陵里上古墳蠲
國思峰頂節臣慟　　逸老亭前鳴鶴姸
近嶺漢陽憎忤表　　遠山松岳戀情傳
金門兄弟狷忠裏　　一曲飛天萬世賢

일로공묘

전곡의 가을은 국화가 앞장서는데
고릉리 위에는 옛 무덤이 깨끗하구나.
국사봉 머리에선 절신이 통곡했고
일로정 앞에는 우는 학이 곱도다.
가까운 고개 한양엔 증오를 나타내고
먼 산 송악엔 그리운 정을 전하는도다.
김문의 형제의 충성 속에
한 노래 하늘을 나니 만세의 어진이로다.

✔ 해제(解題)

▪ 일로공묘를 2007년 10월 7일 탐방하였다. 경기도 연천군 전곡읍 고릉리에 있다. 일로 金공을 추모하는 곳이다. 공의 諱는 양남(揚南), 일로(逸老)는 그 號다. 여흥왕 8년에 진사가 되었고 후에 대과에 급제하였으나 벼슬에 나가지 않았다. 임신변역에 벼슬에 나가지 않고 양주 반곡에 숨어 송경을 바라보고 울어 그 산을 국사봉이라 부른다.

典書公墓 蕭韻

古墓探求山路蕭　　松林菊月草香翹

前村密密耆中久　　遠水回回牆後遼

鼎革歸鄉堅節曲　　葭田開墾至誠韶

安東青目往來處　　一坐京儒詩唱翱

전서공묘

옛날 묘를 찾아 구하는 산길 쑥이 많은데
구월 솔숲의 풀 향기가 짙더라.

앞마을은 빽빽히 늙은 가운데 오래되었고
먼 물은 돌고 돌아 담장 뒤에서 멀더라.

나라 바뀌어 시골 온 것은 굳은 절개의 노래요
갈대밭 개간은 지극한 정성의 풍류로다.

안동은 서양인들도 많이 오고 가는데
한자리 앉은 서울선비의 읊는 노래 날리더라.

해제(解題)

▪ 전서공묘를 2007년 11월 4일 탐방하였다. 경상북도 안동시 풍천면 하회촌에 있다. 고려 말 柳전서공 諱 종혜(從惠)의 묘소이며 하회인이다. 여흥왕조에 공조전서에 올랐으나 임신변역에 안동 풍산으로 숨어 나그네를 구제하니 그 은혜를 입은 자가 수만에 이르렀다. 화산 남쪽에 터 잡아 살았으며 공의 묘와 부인의 합폄묘가 있다.

平章事公壇 肴韻

今日高壇薦酒肴　　孤臣微笑所陽郊

寒風碑面刻書撫　　雪路墻頭情意呶

投紱歸鄉堅節介　　杜門避世敬忠媌

弟兄同道義心守　　四傑追懷賡唱詨

평장사공단

오늘 높은 단에 술과 안주를 올리니
외로운 신하의 미소진 소양의 들이로다.

찬바람 비석 앞면에 새긴 글을 어루만지고
눈길 담장머리엔 옛 정이 들레는구나.

벼슬을 버리고 귀향한 군은 절개가 크고
문을 잠그고 세상 피한 경충이 아름답도다.

형 아우 같은 길 옳은 마음을 지키는데
사걸이 추회하는 갱창을 부르짖는다.

✔ 해제(解題)

▪ 평장사공단을 2007년 12월 2일에 탐방하였다. 전라북도 완주군 소양면 명덕리에 있으니 평장사 柳공의 제단이다. 공의 諱는 지(池), 진주인이다. 공은 벼슬이 평장사에 이르렀으나 포은이 화를 입자 완주 고향으로 내려가 망복지의를 지켰다. 형 역시 여말절신으로 쌍절이다. 유언하기를 비석도 세우지 말고 평장하라 일렀다고 한다.

繼敬齋 豪韻

擊壤歌聲何處豪　　清風上月喜安高
老松林下古齋特　　修竹圍中幽宅韜
兄弟同行孤節守　　子孫宗祖孝誠勞
半千年後至京客　　麗末忠儒善友遭

계경재

격양가 노랫소리 어느 곳이 높은고
시월의 맑은 바람 부안이 높구나.
노송 숲 아래 옛 재실이 우뚝하고
긴 대나무 둘린 가운데 유택이 감추어졌구나.
형제 뜻 같이해 외로운 절개를 지켰고
자손의 조상을 받드는 효성이 수고롭도다.
반천년 후 서울 나그네 와서
여말 충성스런 선비 훌륭한 벗을 만났도다.

∀ 해제(解題)

▪ 계경재를 2007년 12월 9일에 탐방하였다. 전라북도 부안군 부안읍 연곡리에 있다. 고려 한성소윤 金공의 재실이다. 공의 諱는 영세(英世), 부안인이며 조정에 나아가 한성소윤이 되었다. 고려의 운이 다하자 세 아우와 부안 향리로 내려가 망복지절을 지키다 생을 마쳤다.

追遠齋 歌韻

隱隱詠歸松竹歌　　潭陽節士古風多

鷲峯山下墓碑特　　追遠齋中刻板羅

南遁杜門新仕却　　北望痛哭舊情摩

後孫誠孝小寒解　　洪宋家聲千代峨

추원재

은은히 읊으며 돌아오는 송죽의 노래인데
담양에는 절사의 전해온 풍습이 많도다.

취봉산 아래에는 묘비가 우뚝하고
추원재 가운데는 판에 새긴 것이 벌려있도다.

남쪽으로 숨어 문 걸어 닫고 새 벼슬 물리쳤고
북쪽 바라보며 통곡하는 옛 정을 만졌도다.

후손의 성효에 소한 추위가 풀리는데
홍주송씨의 집안 명성이 천대에 높구나.

▼ 해제(解題)

▪ 추원재를 2008년 1월 6일에 탐방하였다. 전라남도 담양군 대덕면 비차리에 있다. 두문동 72현의 宋 시중공을 추모하는 재실이다. 공의 諱 계(桂), 홍주송씨 시조이다. 고려가 망하자 두문동에 들어갔고 담양으로 낙향하여 망복의 뜻을 지켰으며 지리산에 들어가 고사리를 먹다 굶어 죽었다.

肅文齋 麻韻

今日世姿如亂麻　　全州處處瓦家嘉
松林高閣肅文板　　竹塢古碑壺隱紗
兄弟義忠堅節表　　子孫誠孝大儒葩
當時麗末顧懷裏　　一坐賡歌千載遐

숙문재

금일 세상 모양은 난마와 같은데
전주의 한옥거리 풍경들이 아름답구나.
솔숲 높은 집은 숙문이라 이름하고
대나무 언덕 옛 비석은 호은의 비단이로다.
형제의 의와 충은 굳은 절개의 표상이요
자손의 효성은 선비의 꽃이로다.
당시의 여말을 추회하는 속에
한자리에서 갱가는 천년에 멀리 가리로다.

✔ 해제(解題)

▪ 숙문재를 2008년 2월 3일에 탐방하였다. 전라북도 완주군 이서면 은교리에 있다. 호은 유공(壺隱 柳公)의 재실이다. 공의 諱 혼(渾), 고려좌익공신 완산부원군으로 諡號 충숙(忠肅)이며 전주인이다. 고려 말 벼슬을 버리고 완산에 숨으니 신조에서 조알(朝謁)하지 않은 죄로 부자와 아우 등 한집안 11인이 남해로 귀양 갔으나 끝끝내 정절을 지켰다.

慕忠齋 陽韻

卯月朗州春暖陽　　龍安新里一門康
墻隅瓦屋古齋室　　庭側高樓記念堂
介節忠臣前主戀　　竭誠至孝後孫芳
無違諸子改名志　　萬代綿綿青史藏

모충재

이월 낭주는 따뜻한 봄볕인데
용안의 신리에는 한 문중이 편안하도다.
담 모퉁이 기와집은 이름난 옛 재실이요
뜰 곁의 높은 다락은 기념관이로다.
깨끗한 절개 충신은 전왕을 그리워하고
정성을 다한 효성은 후손의 꽃다움이로다.
어기지 말라고 아들이름 고쳐준 뜻은
만대토록 이어이어 청사의 빛남이로다.

✔ 해제(解題)

▪ 모충재를 2008년 3월 9일 에 탐방하였으며 전라북도 익산시 용안면 중신리에 있다. 양정오공(陽亭吳公)의 재실이다. 공의 諱는 희(僖), 字는 자형(子亨), 하주인이다. 공민왕조에 벼슬이 좌정언에 이르러 비정을 극간하다가 3차 유배를 당했다. 임신변역에 두 아들과 지금의 익산에 은거하고 절개를 지키니 일문 쌍절이라 하였다.

謝臥齋 庚韻

古邑高靈狷義庚　　端齋謝臥一門明
後山新綠大欄馥　　前陛爽風來客英
先祖隱居崇敬篤　　仍孫報本祝嘉禎
私心曲學世中滿　　此處孝忠維淑清

사와재

고읍 고령은 절의가 굳센데
단아한 재실 사와에 전씨 문중이 밝구나.
뒷산 신록은 긴 난간의 향기요
앞 섬돌 상풍은 오는 손님의 꽃이로다.
선조가 은거하며 높이 공경함이 도타운데
후손의 보본을 상서로움으로 빌었도다.
사심으로 학문을 굽힘이 세상에 가득한데
이곳의 효와 충은 오직 맑고 또 맑았도다.

▼ 해제(解題)

▪ 사와재를 2008년 5월 4일 탐방하였으며 경상북도 고령군 고령읍 본관리에 있다. 전수헌(全睡軒)공의 추모처이다. 공의 諱는 순(順), 字 사순(士順), 정선인이며 수헌은 그 號이다. 여흥왕조에 공조전서가 되고 간성왕 4년 좌헌납이 되었다. 고려가 망하자 망복지절로 낙향하여 신조에서 불렀으나 절의를 지켰다.

泮亭齋 青韻

榴夏蔚珍天海青　　竹邊面內一齋靈

檐中鐵馬衆賓迓　　墻外壇碑神筆銘

送老閑人遊樂處　　騎牛夜笛月松亭

清風介節讚揚裏　　田閥聲譽千代馨

반정재

오월의 울진은 하늘과 바다가 푸른데
죽변면 안에 한 재실이 신령스럽구나.

처마 가운데 풍경은 많은 손 맞이하고
담장 밖 단비는 신필로 새겼도다.

늙음을 보내던 한인이 즐기던 곳이요
소타고 밤에 피리불던 월송정이로다.

청풍의 큰 절개를 찬양하는 속에
전씨 문중 칭찬소리가 천대에 향기로우리라.

해제(解題)

■ 반정재를 2008년 6월 1일에 다녀왔다. 경상북도 울진군 죽변면 봉평리에 있다. 공의 諱는 자수(自壽), 字는 백인(伯仁), 담양田氏이다. 공은 고려 말 강원도 안렴사가 되어 평해를 순회하다 강산 승경에 매혹되어 벼슬을 버리고 양진당(養眞堂)을 꾸미고 소를 타고 시와 술을 즐기며 고결한 명시를 남겼다.

扶陽齋 蒸韻

牛月扶餘夏暑蒸　古村深谷一齋陵
雲陰檐末樂遊往　鶴哭鈴中傳志承
昔日破碑堅節表　今時屛碣至誠澄
此鄕遺馥逝西海　嚴子淸風令合弘

부양재

오월 부여 여름 더위가 찌는데
옛 마을 깊은 골에 한 재실 언덕이로다.
구름그늘이 처마끝에서 즐거이 놀다가고
학이 우는 방울가운데 전하는 뜻 받들도다.
옛날 비석이 깨짐은 굳은 절개의 표상이요
지금의 병풍비석은 지극 정성의 맑음이로다.
이 고향 남긴 향기가 서쪽바다를 날아서
엄자릉의 청풍과 하야금 합하여 크게 했도다.

해제(解題)

■ 부양재를 2008년 6월 15일에 탐방하였다. 충남 부여군 부여읍 중정리에 있으며 퇴암 金 선생을 추모하는 곳이다. 공의 諱는 거익(居翼), 號 퇴암(退庵), 의성인이다. 벼슬이 고려 정당문학에 올랐고 목은과 친교하였다. 고려 말에 부여 반월성으로 몸을 숨기고 평생 杜門自靖하였다. 엄자릉의 동강절의에 비유되며 신조의 관명을 쓴 비석이 청천벽력에 깨부셔졌다고 한다.

典書公墓 尤韻

小暑楊州青色尤　　林中古墓義忠丘

青松繞帶故墟處　　烏碣刻文秘筆侔

棄仕歸鄉堅節表　　杜門絶事介貞優

水踰里號傳來裏　　閥族孝誠敬德休

전서공묘

소서의 양주는 더욱 푸른데
수풀가운데 옛 묘는 의충의 언덕이로다.

푸른 솔로 띠를 두른 명당이요
검은 비석에 새긴 글은 신비한 글이로다.

벼슬 버리고 귀향함은 굳은 절개를 나타냄이요
문 닫고 일 끊음은 깨끗하고 곧음의 넉넉함이로다.

수유리란 이름이 전해 내려온 속에
벌족의 효성 경덕이 아름답도다.

✓ 해제(解題)

▪ 전서공묘를 2008년 7월 6일에 찾아갔다. 경기도 양주군 광적면 우고리에 있다. 여말절신 최전서공의 유택이다. 공의 諱 자(濱), 충주인이다. 벼슬이 이조전서에 올랐으나 포은의 피화소식에 양주에 은거하며 깨끗한 생을 마감하였다. 후손에 절효가 있어 두 번에 걸쳐 정려를 받았다.

桂林齋 侵韻

申月炎天三伏侵　楊平水谷一齋嶔
桂林楣號大書懸　墓碣銘詩堅節尋
投紱歸田高潔表　守貞遺訓孝忠忱
登臨往事顧懷裏　今日賡歌萬代欽

계림재

칠월 염천에 삼복더위가 침범했는데
양평 수곡에 한 정자 높도다.
계림이란 간판이름이 큰 글씨로 매달려있고
묘갈에 새긴 글은 굳은 절개를 찾는구나.
벼슬 던지고 귀향함은 높고 깨끗한 표시요
곧음을 지키란 유훈은 효충의 정성이로다.
등림하여 지난 일을 추회하는 속에
오늘의 이어부른 노래 만대에 공경하리로다.

✔ 해제(解題)

▪ 계림재를 2008년 8월 3일 탐방하였으며 경기도 양평군 지평면 수곡리에 있는 두로 최전법판사공(杜老崔典法判事公)을 추모하는 곳이다. 공의 諱는 유강(有江), 경주인이다. 여흥왕조에 전법판서가 되었으나 고려의 운이 다하자 여주 대송면 계림리로 낙향하여 절의를 지켰다

兩樂亭 覃韻

任實秋光山野覃　　深湖一閣竹松甘

高亭檐馬古風覺　　大筆楣顔遺訓諳

倭寇討平功烈峻　　賜名稱慕譽門慘

前峯偉勢似堅節　　今日賡歌清介耽

양요정

임실에 가을빛이 산과 들에 뻗어 있는데
깊은 호수에 한 재실 솔대 내음이 좋구나.

높은 정자의 풍경은 옛 모습을 깨우쳐주고
큰 붓글씨 현판은 끼쳐온 가르침을 알겠도다.

왜구를 쳐서 평정한 공렬이 높고
이름 내려 칭모한 명문의 아름다움이로다.

앞 봉우리 큰 위세는 굳은 절개와 같은 속에
금일 갱가는 맑은 절개를 즐기는구나.

✔ 해제(解題)

▪ 양요정을 2008년 9월 7일에 탐방하였으며 전라북도 임실군 운암면 입석리에 있다. 최정남(崔征南) 선생 위정공(威靖公) 추모처다. 字 중칠(重七), 초명 지(池), 전주인이다. 간성왕 9년에 서북면 도 지휘사가 되어 대마도에서 왜병 5,000급을 베고 우리 백성 500명을 구해 완산부원군에 봉해졌다. 이초 옥사로 청주옥에 갇혔고 우뢰대작하여 공과 목은이 큰 은행나무에 올라가 피하니 왕이 하늘의 뜻이라고 방면하였다. 은행나무가 지금도 있다.

竹溪公墓 鹽韻

古邑錦城忠義鹽　萬峯山上兩墳謙
松林石陛爽光婉　神道碑銘神筆纖
二隱親交堅節守　三綱指授拱持恬
朗州崔閥孝儀極　仁德綿綿代代添

축계공묘

옛 고을 나주는 충과 의가 소금인데
만봉산 위에는 쌍분이 겸손하구나.

솔숲 돌계단엔 가을빛이 완연하고
신도비에 새긴 신비한 글이 아름답구나.

목은 포은과 친교로 굳은 절개를 지켰고
삼강을 가르쳐주어 잡아 지킴이 편안하도다.

낭주 최씨 문중에 효의 거동이 지극한데
인과 덕이 이어이어 대대로 더하리로다.

해제(解題)

■ 죽계공묘를 2008년 10월 5일 탐방하였으며 전라남도 나주시 왕곡면 덕산리에 있다. 崔죽계공 묘소이다. 공의 諱는 안우(安雨)이고 나주인이다. 고려개국공신 지몽의 원손이다. 벼슬이 군기시소감에 이르렀으나 국운이 쇠하자 벼슬을 버리고 나주 도성동에 낙향하니 신조에서 보문관 직제학으로 불렀으나 종신 수절하였다.

驪江公墓 咸韻

亥月菊香山野咸　　楊平古墓義臣嵌
四方峯嶂敬崇表　　十尺烏碑誠孝慘
棄仕杜門鶡谷處　　望京哭拜考槃巖
驪江遺訓再三想　　大節讚歌終韻劖

여강공묘

시월 국향이 산과 들에 다하는데
양평 옛 무덤 의신의 골짜기로다.

사방 봉우리는 공경해 높이는 표상이요
십척 검은 비석은 성효의 깃발이로다.

벼슬 버리고 문 걸어 닫은 학의 골짜기요
서울 바라보며 곡배하던 고반의 바위로다.

여강의 유훈을 두번 세번 생각하는 속에
대절의 찬가를 종운으로 새겼도다.

✔ 해제(解題)

▪ 여강공묘를 2008년 11월 2일에 탐방하였으며 경기도 양평군 개군면 구미리에 있다. 여말충신 尹군사군의 유택이다. 공의 諱는 충보(忠輔), 자호는 고려처사(高麗處事)이며 무송윤씨다. 간성왕 때 안성군사가 되었으나 임신변역이 일어나 간성왕을 따라 왕이 돌아가니 고양 견달산에 장사지내고 삼년 시묘하였으며 공은 나를 대부의 예로 장사하지 말고 비석을 세우지 말라고 하였다고 한다.

第四部

大韓三十景

塹城壇 東韻

淨土摩尼黃海東　塹城壇築古君功
層層苔石向天肅　聳聳山峯搗霧瓏
治代祈民靈地命　祝時採火聖臺通
數千載上顧懷裏　初發光明胸曲洪

참성단

깨끗한 땅 마니산은 황해의 동쪽인데
참성단을 쌓은 것은 단군의 공이로다.
층층의 이끼 낀 돌은 하늘을 향해 엄숙하고
솟고 솟은 산봉우리는 안개에 둘려 아름답도다.
다스려지는 때는 백성을 비는 영지로 명했고
축제 때에는 채화하는 성대로 통했도다.
수천 해 세월을 미루어 생각하는 속에
처음 나타내신 광명에 가슴 속이 넓어지누나.

✓ 해제(解題)

▪ 참성단을 2007년 5월 18일에 탐방하였으며 인천광역시 화도군 화도면 흥왕리 마니산 정상에 있다. 단군이 천제(天際)를 지내기 위하여 쌓은 것으로 의주 천 리, 제주 천 리, 함흥 천 리로 한반도의 중심이며 천하의 동쪽으로 신령스럽다 여겼던 터이다.

白頭山 冬韻

靈地探査待解冬　　蕤賓殘雪草花恭
雹中暫見天池水　　雲上聳騰熊面峯
太古震邦暘氣發　　近來諸國始明宗
遠望荒野顧懷裏　　愚史恫心胸曲衝

백두산

신령스런 땅 찾으려 해동을 기다렸는데
5월의 잔설 아래 풀꽃이 공손하구나.
우박가운데 잠시 보인 천지의 물이요
구름 위에 솟아오른 곰 얼굴의 봉우리로다.
태고의 우리나라 해 뜨는 기운이 발하고
근래의 모든 나라에 밝음이 시작된 주인이로다.
멀리 보이는 황야를 미루어 생각하는 속에
어리석은 역사 아픈 마음 가슴속을 찌르는구나.

해제(解題)

▪ 백두산을 2007년 6월 24일에 탐방하였다. 함경북도 함경남도 중국 길림성 국경에 자리한 민족의 영산이다. 2,744m 높이에 천지가 있다. 천지의 물은 서쪽은 압록강, 동으로 두만강, 동북으로 송화강을 이루고 흐른다. 천지 남쪽에 조선 숙종이 청나라와의 국경을 정한 정계비를 세웠다. 개천설화가 서린 백의민족의 성지이다.

孤石亭 江韻

鐵邑貫通過大江　　嵬嵬孤石浪鳴瀧
小亭壓水赤青閣　　深谷築橋承日幢
羅末英雄尊佛亂　　近來義賊助民厖
至今碧浪遠悠去　　世上空然未是峣

고석정

철원 고을을 뚫고 지나는 큰 강인데
높고 높은 바위에 물결이 우는 여울이로다.
조그만 정자가 물을 누르는 단청의 집이요
깊은 골 다리를 놓아 승일교라 하도다.
신라 말의 영웅 부처를 높임이 어지러웠고
근래의 의적 백성을 위함이 컸도다.
지금은 푸른 물결만 멀리 유유히 흐르는데
세상은 공연히 옳고 아님의 다툼 크구나.

∀ 해제(解題)

▪ 고석정은 2007년 7월 21일에 탐방하였으며 강원도 철원군 동송읍 장흥리에 있다. 경치 좋은 절벽에 위태롭게 붙어 선 2칸의 자그마한 정자다. 궁예의 옛 꿈이 화려했던 마진의 고도이며, 6.25 전란에 격전이 벌어졌던 곳이다.

大川海水浴場 支韻

末伏暴炎何扇支　大川避暑一方离
海邊水色億中爽　沙岸人波傘下丕
總角風船浮沒落　老婆眼鏡往來怡
古今藍浦逗名士　竹島流翁多後禧

대천해수욕장

말복의 폭염을 어떤 부채로 지탱할까
대천에서 더위를 피함은 한쪽만 밝도다.

바닷가 물색은 가슴속까지 시원한데
모래언덕 사람물결은 양산아래서 크도다.

총각의 고무보트는 떴다 가라앉다 하고
늙은이 물안경 오고가는데 흐뭇하도다.

고금의 남포는 명사들이 오래도록 머물고
죽도에 귀양 온 노인 뒷날 많은 복이로다.

∀ 해제(解題)
▪ 대천해수욕장은 충청남도 보령시 서해안에 펼쳐져 있으며 우리나라에서 해안선이 가장 긴 해수욕장이라고 한다.

鏡浦臺 微韻

白露秋風熱氣微　　溟洲鏡浦浩滄頎
名人詩板柱中展　　遊子律聲檐下飛
昔日紅粧情愛大　　今時青衿詠吟巍
深湖泡沫晃鱗裏　　七客讚歌清海輝

경포대

백로의 가을바람에 더위가 가시는데
명주의 경포는 넓은 동해가 크구나.

명인의 시판은 기둥 가운데 펼쳐져 있고
나그네 시 읊는 소리 처마 밑에 나는구나.

옛날의 홍장은 정애가 컸고
오늘의 젊은 선비 시 읊는 소리 높구나.

깊은 호수 포말 은비늘 속에
칠호의 읊는 노래로 바다가 빛나는구나.

✔ 해제(解題)

▩ 경포대를 2007년 9월 9일에 탐방하였으며 이곳은 관동팔경의 으뜸가는 누대로 강릉시에서 동북으로 7키로 떨어진 바닷가 언덕에 서 있다. 고려 때 창건하였으며 경포 호수와 솔밭, 동해의 창파에 떠도는 백조가 어우러져 선경을 이루고 있다.

智異山 老姑壇 魚韻

雲海浮峯躍大魚　　山頭石塔老姑琚
祭壇合掌至誠濫　　珍客歎聲流霧徐
秦代始皇求草送　　羅時聖母拱王餘
丹楓深壑紫霞隱　　奇景神靈崔一墟

지리산 노고단

구름바다 뜬 봉우리 뛰어오르는 대어 같은데
산머리 석탑은 마고할미의 구슬이로다.

제단에 합장하는 지성이 넘치고
진객의 탄성이 흐르는 안개에 더디구나.

진나라 시황제 불로초를 구하러 보냈고
신라의 성모는 왕을 받든 나머지로다.

단풍은 깊은 골 연하에 숨었고
기이한 경치 신령스러운 제일의 터로다.

✔ 해제(解題)

■ 지리산 노고단은 전남 구례군 산동면과 토지면 경계에 위치하고 경상남도 전라북도 전라남도 사이에 있는 산으로, 낙동강과 섬진강의 분수령을 이루는 산이다. 방장산, 두류산의 별칭을 가지고 있으며, 삼신산의 하나로 일컫는 명산이다.

海雲臺 虞韻

勝景我邦何處虞　　海雲臺岸美容俱
白沙場夏衆波滿　　青竹亭秋酬酌圖
昔老碧岩遺迹刻　　今君明屋好交扶
七豪一坐律聲裏　　鷗鷺飛來頏頡愉

해운대

우리나라의 좋은 경치는 어디라 생각하는가
해운대 언덕이 아름다운 모습을 갖추었구나.

백사장은 여름에 인파가 가득했고
푸른 대 정자 가을엔 술잔질 도모했도다.

옛날 고운은 푸른 바위에 자취를 새겼고
지금 임금은 밝은 집 친교를 붙들었도다.

칠호 한자리에 앉아 노래 부르는 속에
갈매기 날아와 오르락 내리락 즐기는구나.

▼ 해제(解題)

▪ 해운대는 부산광역시 동남쪽 해변에 있는 경승지로 온천장과 해수욕장으로 전국에서 가장 큰 해수욕장이다. 고운 최치원이 가야산 입산길에 이곳의 경치가 너무 아름다워 동백섬 동쪽 바위에 해운대라 쓴 데서 이름 지어졌다 하며 대한팔경의 하나이다.

邊山 落照臺 齊韻

寒節扶安山水齊　　邊城落照一明珪
東林綠綠暮雲沒　　西海蒼蒼霞彩棲
麗末孤臣忠孝秀　　鮮時名妓詠歌媞
前番絶景不知裏　　今日賡吟雙手携

변산 낙조대

추운 절기의 부안은 산수가 가지런한데
변산 낙조는 하나의 밝은 구슬이구나.

동림엔 푸르고 푸른 저녁 구름이 떨어지고
서해엔 푸르고 푸른 노을이 깃드는구나.

여말절신 충과 효가 빼어났고
조선 때 명기 시가가 아름답도다.

전번엔 절경을 알지 못했던 속에
금일은 갱음하며 두 손잡고 이끄는구나.

해제(解題)

▪ 변산 낙조대를 2008년 12월 7일에 찾아갔으며 전라북도 부안군 변산면 중계리에 있다. 격포 해안에 펼쳐진 채석강에 저녁 낙조가 빛날 때 중국의 적벽강 보다 아름답다고 한다. 여류시인 매창의 묘가 있고 유희경과의 애잔한 사랑 이야기에 가슴이 쓰리다.

太白山 天祭壇 佳韻

太白峻峯飛雪佳　　登躋氷路似天階
瞰臨深壑神靈界　　石築高壇尊拜厓
昔日檀君桓國驗　　今時遊子詠吟牌
七人黙想感銘裏　　半萬年前青史懷

태백산 천제단

태백 높은 봉우리 설경이 아름다운데
오르는 얼음길 하늘 계단과 같구나.

굽어보는 골짜기는 신령스런 경계요
돌로 쌓은 높은 단엔 공경하며 절하는 언덕이로다.

옛날 단군이 환국을 증험했고
금시 유자의 크게 읊는 패로다.

칠인이 묵묵히 생각하며 감동하여 마음에 새기는 속에
반만년 전 옛 역사를 생각하는구나.

✔ 해제(解題)

■ 태백산 천제단을 2008년 1월 18일 금요일에 찾아갔다. 태백산 천제단은 강원도 태백시 소도동에 있다. 장군봉 정상에 쌓은 제단으로 표고 1587m 그 위에 편석과 잡석으로 4층 방형으로 단을 쌓고 위에 한배검이란 비석을 세웠으며 매년 10월 3일에 개천제를 지낸다고 한다.

彈琴臺 灰韻

殘雪忠州山野灰　達川江水迓春開
清風城壁彈琴閣　閑寂公園于勒臺
羅代藝鄉名號特　昔時樂聖美香來
深林隱隱瑟聲裏　何處答歌長短嵬

탄금대

눈이 남아있는 충주의 산과 들은 회색인데
달천 강물이 새봄을 맞이하는구나.

맑은 바람 성벽은 가야금을 타던 집이요
한적한 공원은 우륵의 언덕이로다.

신라 때 예향으로 이름이 특별했고
옛날 때 악성으로 아름다운 향기 내려왔네.

깊은 숲 은은한 거문고 소리 속에
어느 곳 노래인고 장단이 높구나.

✔ 해제(解題)

▪ 탄금대를 2008년 2월 15일에 찾아갔다. 충청북도 충주시 칠금동에 있는 경승지이다. 대가야 거문고 명수 우륵과 이문이 진흥왕 때 신라로 망명하여 진흥왕이 두 사람을 이곳에 살게 하였고 거문고 타는 소리가 끊이지 않아 붙여진 이름이라고 한다.

龜旨峯 眞韻

春日草香心快眞　　盆城龜旨麓頭珉

神魚山霧碣身繞　　駕洛海風苔礎贇

首露伽倻開國特　　許妃印渡定依伸

一然遺事續來裏　　爛燦千年何所臻

구지봉

봄날 풀내가 참으로 상쾌한데
분성 구지산 기슭이 옥돌이로다.

신어산 안개는 비석을 둘러싸았고
가락의 바닷바람 이끼 초석에 빛나도다.

수로왕은 가야를 열어 우뚝했고
허왕후는 인도를 건너와 귀의를 정했도다.

일연의 삼국유사로 이어 전해지는 속에
찬란한 천년의 역사 어느 곳에 이르렀는고.

해제(解題)

■ 구지봉을 2008년 3월 21일에 찾아갔다. 구지봉은 경남 김해시 서상동에 있다. 표고 200미터 안팎의 나즈막한 봉우리로 대가락국 수로왕의 탄생설화가 얽힌 봉우리이다. 어느 날 하늘에서 붉은 보자기에 쌓인 금빛 상자에 황금알 6개가 있었고, 12일 후 알에서 남아가 나와 첫아이를 수로라 이름하고 대가락국 왕을 삼았다고 한다.

公山城 拱北樓 文韻

百濟古都晻色文　城中拱北大亭懃

檻前長水浪紋淨　檐後深林紅綠芬

慰禮遷墟公邑擇　聖王雄志錦江般

千年光彩此何在　遠島東移當不欣

공산성 공북루

백제 옛 서울은 아름다운 햇빛으로 빛나는데
성 가운데 공북루 큰 정자가 은근하도다.

난간 앞 긴 물 물결무늬가 맑고
처마 뒤 깊은 숲 울긋불긋 향기롭도다.

위례에서 옮긴 터로 공주를 택했고
성왕의 큰 뜻을 품었던 금강이 크도다.

천 년 광채는 지금 이 어느 곳에 있는고
먼 섬 동으로 옮김은 마땅히 기쁘지 아니할까.

▼ 해제(解題)

▪ 공산성 공북루를 2008년 4월 20일 일요일에 찾아갔다. 공북루는 충청북도 공주시 산성동 공산성에 있다. 남쪽으로 금강이 흐르고 좌우는 성벽이 높아 천혜의 요새로 도유형문화재 제37호로 지정되었다. 원래 망북루였던 것을 선조(36) 때 중수하여 공북루라 했다고 한다.

慶州 鷄林 元韻

千載慶州幽邑元　　鷄林深谷閥門根
月城苔石居諸哺　　氷庫長楣富貴惇
天櫃七仍光始祖　　新羅三姓卓王孫
皆瑠竹葉忠魂裏　　青史繼承功德尊

경주 계림

천년의 경주는 그윽한 고읍으로 으뜸인데
계림의 깊은 골짜기 벌문의 뿌리로다.
월성 이끼 낀 바위 세월을 먹었고
석빙고 긴 중방은 부귀가 두텁도다.
알지의 칠 대손 시조를 빛냈고
신라 삼성의 왕손이 우뚝하도다.
댓잎 귀고리 혼으로 충성을 다한 속에
청사를 이어온 공덕이 높도다.

∨ 해제(解題)

▪ 경주계림을 2008년 5월 30일 토요일에 찾아갔다. 계림은 경북 경주시 계림에 있다. 계림엔 경주김씨 시조 김알지의 탄생설화가 서려 있는 곳으로 탈해왕 9년에 금성 서쪽 숲속에서 닭 울음소리를 듣고 가보니 나뭇가지에 황금궤가 있었으며, 안에서 사내아이가 나오고 경주김씨 시조가 되었다.

金剛山 九龍瀑布 寒韻

午月蓬萊深壑寒　　雲岩險石涉蹻難
白紈天上九龍降　　瀑布名中一號巑
隣國何人觀賞願　　今時儒子晩來嘆
太初造物藝誠懇　　不遠前途南北歡

금강산 구룡폭포

5월의 봉래산 깊은 골이 찬데
운암 험한 돌은 발을 옮겨 디디기 어렵구나.
흰 비단 하늘 위에서 아홉 용이 내려오고
긴 폭포라 이름 가운데 첫 번째로 높도다.
이웃나라 어떤 사람은 관상을 원했고
지금의 유자는 늦게 옴을 탄식했도다.
태초의 조물주 재주의 정성이 간절한데
멀지않은 앞날에 남북이 기뻐하리로다.

✔ 해제(解題)

▪ 금강산 구룡폭포를 2008년 6월 30일 월요일에 찾아갔다. 강원도 금강산에 있는 폭포로 온정리에서 서쪽 옥류계곡의 최상단에 있으며 폭포 길이 5미터로 폭포아래 구룡연이 있다. 그 위에 상팔담이 있는데 여덟 개의 못이 파여서 절경을 이루고 이 상팔담 물이 구룡폭포로 쏟아진다.

三日浦 刪韻

明鏡大湖蒼海刪　　水邊佳景特高爛
波中松島碧牛臥　　亭上竹聲韶舞斑
羅代四仙三日樂　　今時七客一杯閒
丹書古馥宛然裏　　遊子微吟霄漢鷳

삼일포

명경 같은 큰 호수 동해를 깎았는데
물가 아름다운 경치 우뚝하게 빛나도다.

물결 속 송도 푸른 소가 누워있고
정자 위 죽성에 소무가 얼룩이도다.

신라 때 네 신선은 삼일을 즐겼고
지금은 일곱 나그네 한 잔술에 한가하구나.

붉은 글 옛 향기가 완연한 속에
유자들 시 읊는 소리 하늘에 날리는구나.

해제(解題)

▪ 삼일포를 2008년 6월 30일에 탐방하였다. 강원도 고성군에 있는 호수다. 신라 때 영랑, 술랑, 남석랑, 안상랑의 네 신선이 이 호수의 절경에 도취하여 3일간 놀러 갔다고 하여 이름 지어졌고 이곳에 사선정 몽천암 등의 정자가 있다. 관동팔경의 하나로 경치가 아름답다.

昭陽江 清平寺 先韻

光海史中貊國先　　昭陽江上古庵蠲
芙蓉深谷汋聲泆　　梵閣高檐飛霧姸
麗代碩儒修道臥　　鮮時珍客貴書鐫
七豪正坐詠歌裏　　半萬年前明快翩

소양강 청평사

춘천 역사 중엔 맥국이 먼저인데
소양강 위에는 옛 암자가 깨끗하구나.
부용산 깊은 계곡엔 물결치는 소리 넘치고
범각의 높은 처마엔 나는 안개가 곱구나.
고려 때 큰 선비 수도하며 누웠었고
조선 때 진객은 귀한 책을 새겼도다.
칠호가 정좌하여 이어 부르는 노래 속에
반만년 전으로 명쾌하게 날아봤도다.

▽ 해제(解題)

▪ 소양강 청평사를 2008년 7월 25일에 탐방하였다. 청평사는 강원도 춘성군 북산면에 있는 절이다. 고려 광종 24년에 영현선사가 백암선원으로 개찰, 그 후 진락 이자현이 중수하여 문수원이라 하였고, 조선 명종 때 보우대사가 중건하였으며 6.25 때 불탄 것을 1978~79년에 복원하였다.

閑麗水道 蕭韻

南海狂波青色蕭　閑山島上廟宮嬌
茫茫萬里古城遠　點點千岩長跡嶚
忠武公心崇秀曠　壬辰往事大高遼
京儒佳景詠天望　飛鳥韻擔酬酌翺

한려수도

남해의 거친 파도 색깔은 푸른 쑥 인데
한산섬 위에는 사당이 아름답구나.
아득하고 아득한 만리 여수는 멀고
점점의 천개의 바위엔 장군의 자취가 높구나.
충무공 마음은 높고 빼어나고 밝은데
임진년의 지난일 크고 높고 멀도다.
서울 선비 아름다운 경치 하늘을 향해 읊는데
나는 새도 운자를 맡아 수작하여 날리는구나.

∨ 해제(解題)

▪ 한려수도는 2008년 8월 10일에 탐방하였다. 경상남도 다도해를 거쳐 전라남도 여수에 이르는 수도를 그렇게 부른다. 본토와 남해도서 사이의 좁은 수도로 경치가 아름답고 물결이 잔잔하며 임진왜란 때 이순신 장군이 왜적을 전멸시킨 유적이 있다.

群山 仙遊島 肴韻

西海浮船施酒肴　　仙遊七客探行媌
茫茫碧水片舟畵　　怪怪紅岩杣木飈
島上往來青鷺迭　　天中連散白雲抛
自然神秘詠歌裏　　斜日彩霞長短筊

군산 선유도

서해바다 떠있는 배엔 안주가 베풀어져 있고
선유도엔 일곱 나그네 탐방 모습이 아름답도다.
망망한 푸른 물엔 조각배가 그림인데
괴이한 붉은 바위엔 굽은 나무의 바람소리로다.
섬 위엔 오고가는 푸른 갈매기 갈마들고
하늘 가운데는 이어졌다 흩어지는 흰구름이로다.
자연의 신비를 부르는 노래 속에
빗긴 해 붉은 노을에 장단 맞추는 피리소리로다.

✔ 해제(解題)

▪ 군산 선유도를 2008년 9월 5일에 다녀왔다. 선유도는 서해상의 전라북도 옥구군 미성읍 선유도리에 있는 섬으로 옥구군의 서남쪽 약 50여 km 지점에 위치하여 풍광이 아름답고 해수욕장이 있다.

朴淵瀑布 豪韻

松嶽回回眞谷豪　　果然一瀑朴淵皐
兩山溪水颺流落　　百尺龍岩深沼韜
三絶碩儒明月樂　　八音妙舞泛槎遨
有名處事感懷特　　風雅古人何日遭

박연폭포

송악을 돌고 도니 뒤에 골짜기 정말 큰데
과연 제일의 폭포 박연의 언덕이로다.
두 산의 계곡 물이 날아 흘러 떨어지고
백 척 용암의 깊은 연못에 감추어졌도다.
삼절 큰 선비와 명월이 즐겼고
팔음의 묘한 춤 범사정에서 놀았도다.
유명한 곳 일에 감회가 특별한데
멋진 옛 사람을 어느 날에 만날꼬.

해제(解題)

■ 박연폭포를 2008년 10월 12일에 찾았다. 박연폭포는 경기도 개풍군에 있는 폭포다. 개성에서 40리쯤 떨어진 천마산록에 있다. 부근에 약수가 있고 단풍이 아름다워서 송도삼절의 하나로 꼽힌다. 높이는 20여 m로 그리 크지 않은 폭포다.

利見臺 歌韻

坤月山河霜葉歌　　海邊高閣晩秋多
檻前水下大王臥　　檐後寺墟誠孝摩
一統三韓功德太　　千年萬姓敬尊峨
悠悠白鳥衆居樂　　律唱聲紋東向波

이견대

시월 산하는 단풍의 노래인데
해변의 높은 정자에는 가을 정취가 많구나.

난간 앞 물밑에는 대왕이 누워있고
처마 뒤 절터엔 성효를 만졌도다.

삼한을 하나로 통일한 공덕이 컸고
천년 만백성을 높임이 높도다.

유유히 백조가 무리지어 사는 즐거움 속에
율창하는 소리 무늬가 동향하는 물결이로다.

▽ 해제(解題)

▪ 이견대를 2008년 11월 14일에 찾았다. 경상북도 경주시 감포읍 대본리에 있는 신라시대의 유적으로 사적 제159호로 지정되었으며, 삼국 통일한 문무왕의 호국정신이 깃든 해중왕릉의 대왕암이 보이는 감은사지 앞에 있다. 그 아들 신문왕이 감은사 금당 아래 굴을 만들어 부왕이 용이 되어 승천한 곳에 이견대를 지었다고 한다.

韓民族歷史公園 麻韻

此地黑城前育麻　只今聖殿造成嘉
高臺雄立始皇像　廣陛嚴威國史紗
宗祖羅翁開義大　創園一指事傳遐
震方最適明堂裏　半萬年來初有華

한민족역사공원

이 땅 흑산은 옛날엔 삼을 키웠는데
지금은 성전으로 조성되어 아름답구나.
높은 언덕에 웅장하게 세운 시황상이요
넓은 뜰 엄한 모습은 역사의 비단이로다.
종조 나옹이 열은 뜻이 크고
공원 만든 일지는 일이 전함이 멀리로다.
진방에서 가장 좋은 명당 속에
반만년 이래 처음 있는 빛남이로다.

✔ 해제(解題)

▪ 한민족역사공원을 2008년 11월 15일에 찾았다. 충청남도 천안시 목천면 신계리에 있다. 이승현 원장이 조성한 것이다. 우리 민족의 역사를 각 시대 주인공의 상을 배열하여 표현하고자 애를 쓴 흔적을 찾아볼 수 있었다. 배달민족의 긍지를 표현하고자 노력한 점이 무척 가상하다.

百花亭 陽韻

時候寒天回復陽　　末年王國古都康
百花亭檻翠簫細　　白馬江波紅彩芳
處處遺功千世秀　　迢迢文化萬才翔
扶蘇山上碧松特　　懷舊悲愁何不長

백화정

때는 찬 하늘 양이 회복되는데
말년 백제의 옛 도읍이 편안하구나.

백화정 난간엔 푸른 퉁소 소리 가는데
백마강 물결엔 붉은 노을이 꽃답도다.

곳곳에 남은 공적은 천세에 빼어나고
높고 높은 문화는 만 가지 재주로 날렸도다.

부소산 위의 푸른솔은 우뚝한데
옛날을 돌아보고 근심이 어찌 길지 않으리요.

✔ 해제(解題)

■ 백화정을 2008년 12월 13일 찾았다. 백화정은 충청남도 부여군 부여읍 쌍북리 금강변에 있다. 부소산 낙화암 정상에 1950년대 지방 유림에서 세운 팔각정자다. 한남정맥의 끝자락 천리장강을 볼 수 있는 천하제일의 명당터로 그 풍광과 역사성에 풍월을 읊고 싶은 생각이 절로 나는 정자다.

虎尾串 庚韻

迎日灣中傳說庚　　今來虎尾暖光明
黃銅兩手助生力　　蒼海群鷗和合聲
郎女浮岩倭主卽　　鄕民戀慕賜綃情
七豪好景感歎裏　　賡唱琅琅千古亨

호미곶

영일만 가운데는 전설이 굳센데
지금 호미곶에 오니 해가 밝구나.
누런 구리 두 손은 돕고 사는 상생의 힘이요
창해의 무리 갈매기는 화합의 소리로다.
연오랑과 세오녀는 바위 띄워 왜임금 되었고
고향 백성을 그리워하여 비단 보낸 정이로다.
칠호가 좋은 경치를 풍류하는 속에
갱창 소리 낭랑하니 천고에 형통하리로다.

해제(解題)

▪ 호미곶은 2009년 1월 17일에 다녀왔다. 경상북도 포항시 대보면 대보리에 있다. 한반도의 동남단에 범의 꼬리같이 생긴 지형이다. 여기가 영일만이고, 영일만 바다 가운데 왼팔을 세워놓은 조형물이 있다. 그 대 안 공원에 오른팔을 세워놓은 조형물이 있고 연오랑 세오녀의 설화가 새겨진 비석이 있다.

三聖宮 青韻

泰月頭流山氣青　　深宮三聖始春扃
煙霞洞壑益神秘　　石井甘泉淸味泠
桓國雄檀夷國闢　　槿鄕仙佛合治停
追懷太古夢夢裏　　靜坐茶香復舊馨

삼성궁

정월 두류산 산기운이 푸른데
깊은 삼성궁은 봄이 시작되는 빗장이로다.

연하의 골짜기가 신비를 더하고
석정의 단샘은 맑은 시원한 맛이로다.

환국 환웅단이 동이를 열었고
근향의 도불교의 합한 정치가 머물렀도다.

태고를 추회하며 몽몽한 속에
조용히 앉아 옛 향기를 회복하는구나.

✔ 해제(解題)

▪ 삼성궁을 2009년 2월 13일에 탐방하였다. 경상남도 하동군 청암면 청학동에 있다. 지리산 세석평전에서 남쪽 산맥 끝 삼신봉에서 불끈 솟아 좌우 날개 안에 이루어진 동천이 청학동이고, 청학동 안에 세워진 사당이 삼성궁이다. 여기에 환인, 환웅, 환검의 세 신위가 있다. 이곳엔 대기선사(大氣仙師)와 그 제자들이 오늘의 도인촌을 이룩하였다고 한다.

漢拏山白鹿潭 蒸韻

美島瀛州山客蒸　　人人依杖號天登
深潭白鹿秘靈地　　高塢躋攀祝際陵
三姓昔時先始闢　　七豪今日再甘增
求仙男女到何處　　上古西皇心懇弘

한라산 백록담

아름다운 섬 영주산객이 많은데
사람마다 지팡이에 의지해 하느님 부르며 오르는구나.

깊은 백록담은 신비스런 땅이요
높은 언덕 오름은 축제의 언덕이로다.

삼성이 옛날에 먼저 시작해 열었고
칠호가 금일 다시 단 것을 더하는구나.

신선을 구하는 남녀는 어느 곳에서 왔는고
옛날에 서쪽 황제의 마음에 간절함이 크더라.

✓ 해제(解題)

▪ 한라산 백록담은 2009년 3월 21에 다녀왔다. 백록담은 제주도 한라산에 있는 화구호(火口湖)로 동서 600m, 남북 500m의 타원형으로 사시사철 물이 괴어 있다. 옛날 선인들이 이곳에서 백록 즉 흰 사슴으로 담근 술을 마셨다는 전설에서 이름이 유래하였다고 한다. 동쪽 벽은 현무암이고 서쪽 벽은 풍화작용으로 주상절리가 발달하여 기암절벽을 이룬다

居七賢洞 尤韻

旌善春陽芽色尤　瑞雲山下艷花丘
深林烏塔七賢泣　長水青波千緖流
高廟節臣情恨鑠　銅人處女戀心悠
我羅理讚唱哦後　今日賡歌天末烋

거칠현동

정선은 봄볕에 풀싹이 더하는데
서운산 아래엔 아름다운 꽃들의 언덕이로다.

깊은 숲 검은 탑엔 일곱 어진이가 울고
긴강 푸른 물결엔 천가지 실마리가 흐르는구나.

높은 사당에선 절신의 정한을 삭이고
동상 처녀는 그리운 마음이 아득하도다.

아라리 노래를 부른 후에
오늘의 갱가 하늘 끝까지 아름다우리로다.

✔ 해제(解題)

▪ 거칠현동을 2009년 4월 11일에 다녀왔다. 거칠현동은 강원도 정선군 남면 낙동리에 있다. 고려가 망하자 두문동에 숨었던 전오륜과 일곱 절신이 정선에 숨어 지내던 곳을 말한다. 지금 칠현사적비가 있고, 칠현이 남긴 시가 새겨져 있다. 이때 칠현이 불렀던 노래가 정선아리랑이라고 한다.

和順 赤壁 侵韻

春日徐逃新綠侵　　和州赤壁碧層琳
煙霞繞繞屏風岸　　仙界幽幽秘景潯
昔老避塵吟嘯處　　鮮儒詩會詠歌音
長江浩瀁悠悠裏　　水上一亭佳景嶔

화순 적벽

봄이 천천히 도망가니 신록이 침범하는데
화순의 적벽은 층층이 아름답구나.

연하에 둘러싸인 병풍의 언덕이요
선계의 깊고 깊은 신비의 물가로다.

옛 늙은이 속세 피해 노래 읊던 곳이요
조선 선비 시회하며 갱가하던 소리로다.

긴 강 넓고 넓어 유유한 속에
물 위의 한 정자 아름다운 경치가 높도다.

∨ 해제(解題)

▪ 화순 적벽을 2009년 4월 24일에 갔다. 전라남도 화순군 이서면 장학리에 있다. 옹성산 산맥이 동복강을 만나서 이룬 아름다운 경치로 절벽에 춘하추동으로 풍광이 변하는 절경이 동복호수에 투영되니 참으로 장관을 이룬다.

龍門山 銀杏木 覃韻

古邑楊平午月覃　龍門山色綠青堪
溪聲十里梵宮達　杏木千年布恨婪
羅末興亡身役處　今時來往德崇馣
東洋崔古老齡長　補樹藥與誠敬惨

용문산 은행나무

옛 고을 양평을 오월에 이르렀는데
용문의 산빛은 짙푸름을 견디는구나.

시냇물 소리 십리로 범궁에 도달하고
은행나무 천년에 베옷의 한탄을 탐하는구나.

신라 말 흥망을 몸소 겪은 신역처요
지금 오고 가며 공경하여 올리는 향기로다.

동양 제일 높은 나이 어른인데
보호하는 나무 보약을 주는 정성의 공경이 아름답도다.

해제(解題)

▪ 용문산 은행나무는 2009년 5월 29일에 가서 보았다. 경기도 양평군 용문면 용문사 경내에 있다. 신라의 마의태자가 금강산 가는 길에 이곳에 은행나무 지팡이를 꽂은 것이 오늘에 이르렀다고 한다. 수령이 1200년, 높이 70m로 동양 최대의 나무라고 한다. 천연기념물 제30호다.

鬱陵島獨島 鹽韻

蒼海茫茫風味鹽　　鬱陵獨島浪光縑

嶟嶟層石碧魋見　　沸沸洪濤白齒銛

羅代將軍歸屬統　　近來議長始明添

大韓勝景數頭等　　萬里東端仙洞忺

울릉도 독도

아득한 창해의 바람 맛이 짠데
울릉도 독도의 파도빛이 비단이로다.

층층바위는 푸른 상투를 드러냈고
용솟음치는 넓은 파도는 흰 이빨이 날카롭도다.

신라 때 장군이 귀속시켜 거느렸고
근래 의장이 열어 밝음을 더했도다.

대한 좋은 경치 중 으뜸으로 헤아리는데
만리 동쪽 끝에 신선고을인가 하노라.

▼ 해제(解題)

▪ 울릉도 독도를 2009년 6월 12일에 갔었다. 울릉도는 경상북도 울릉군에 있는 섬으로 포항에서 268km 거리에 있는 동해상의 화산도다. 본래 우산국이었으나 지증왕 때 이사부가 정벌하여 신라에 귀속되었다. 독도는 경북 울릉군 남면 울릉도로 주도(主島)인 동도와 서도 그밖에 작은 섬이 있고 주민은 없다. 독도의 한자표기는 나무가 없다고 독도(禿島) 또는 대머리섬, 대섬이라고도 하였다고 한다.

紅島 黑山島 咸韻

詩會今時終韻咸　　黑山紅島一諸瑊
峯峯窟窟萬仙殿　　石石層層千鬼巖
昔日大商交易旺　　近來名唱誦碑饞
綠陰竹下風流裏　　霞彩老翁歌詠諴

홍도 흑산도

시회의 지금은 마지막 운자 함인데
흑산도 홍도는 한결같은 옥돌이로다.

봉우리 봉우리 굴굴은 천 신선의 집이요
돌과 돌 층층엔 만 귀신의 바위로다.

옛날 대상의 교역이 왕성했고
근래엔 명창의 송비를 탐했도다.

질푸른 대나무 아래에서 풍류하는 속에
저녁 노을에 시객들 시를 읊조리는 정성이로다.

✔ 해제(解題)

▪ 홍도 흑산도에 2009년 8월 15일에 탐방했다. 홍도는 전라남도 신안군 흑산면 홍도리에 있는 섬으로 섬 면적 6.47km, 인구 819명(1984)이다. 흑산도는 전라남도 신안군 흑산면에 있는 섬으로 면적 22.01km, 인구 5132명(1985), 매화도, 소흑산도와 같이 흑산군도를 이루고 있다.

第五部

高麗遺事

高麗宮址 東韻

美島江都黃海東　古墟麗末映王宮
四門老木不言特　十里長城多信崇
抗賊堅心青史冠　守邦遠計懇誠隆
往時壯氣堂堂裏　何日復元如舊洪

고려궁지

아름다운 섬 강화는 황해의 동쪽인데
옛터엔 고려 말 빛나는 왕궁이로다.
네 문의 노목들은 말없이 우뚝하고
십리의 긴 성은 믿음 있이 높도다.
적을 막으려는 굳은 마음은 청사의 으뜸이요
나라를 지키려는 먼 계획의 정성이 컸도다.
지나간 때 씩씩한 기운이 당당한 속에
어느 날에 복원되어 옛과 같이 넓을꼬?

∨ 해제(解題)

▪ 고려궁지를 2013년 5월 16일 탐방하였으며 인천광역시 강화읍 관청리에 있다. 고려 고종 때 몽고 침공으로 강화천도를 하였다. 이로부터 원종 11년까지 39년간 고려 강도 시대의 궁궐터다. 나라의 명맥을 끝내 유지한 고려로 강화도는 우리에게는 민족의 자부심이요 소중한 역사적 긍지이다.

高麗洪陵 冬韻

探訪洪陵閒若冬　　雜林人跡甚希峯

圓墳土薄草光難　　古碣顔鐫名字宗

北狄來侵維戰守　　南遷堅志一天衝

別抄軍訓顧懷裏　　山上飛雲欲問胸

고려 홍릉

더듬어 찾은 홍릉은 쓸쓸하기가 겨울 같은데
뒤섞인 수풀에 사람의 자취 드문 봉우리로다.

원분은 박토에 풀빛이 어려운데
옛 비석 얼굴에 새긴 이름이 높도다.

북쪽 적이 내침하니 싸워 이겼고
남쪽으로 옮긴 굳은 뜻 정히 하늘을 찔렀도다.

삼별초 군의 가르침을 추회하는 속에
산 위의 나는 구름에 묻고자 하는 가슴이로다.

✓ 해제(解題)

▪ 고려 홍릉을 2010년 6월 20일 탐방하였으며 인천광역시 강화군 국화리에 있다. 홍릉은 고려산 남쪽 자락에 위태롭게 걸터앉아 있었으며 궁벽한 이곳에 고려 왕릉이 있어 당시 왕씨에 대한 홀대를 알 수 있었다. 고종의 휘 돈(暾)으로 전왕 강종의 원자이다. 강종 2년에 즉위하였으며 재위 46년이었으며 때를 못 만난 비운의 왕이었다.

崇義殿 江韻

二水合流深碧江　　北崖崇義殿恫聵

高墻瓦屋國王廟　　長檻噲墟僧侶邦

太守胸中音律大　　石工釘下刻誠峗

追懷昔日萬年事　　誰有元亨正筆摐

숭의전

두 물이 합쳐 흐르는 깊고 푸른 강인데
북쪽 언덕 숭의전에 슬픈 소리가 들리도다.

높은 담장 기와집은 고려왕의 사당이요
긴 난간 시원한 터는 승려의 나라였도다.

태수의 가슴속에 읊는 노래가 컸고
석공의 정 일에는 새긴 정성이 높도다.

미루어 옛날을 돌아보는 만년의 일에
누가 있어 크게 형통하여 바른 붓을 찌를까?

∨ 해제(解題)

▪ 숭의전을 2010년 7월 16일 탐방하였으며 경기도 연천군 미산면 아미리에 있다. 숭의전은 고려 태조를 비롯한 열 분의 왕과 여조 충신을 배향한 사당이다. 이태조가 등극하였지만 민심은 돌아오지 않아 초조한 태조는 두문동에 불을 지르고 개성왕씨를 멸족시키려 하고 역대 왕 태묘(太廟)와 위패를 실어 배 밑에 가라앉게 하였으나 고려 태조의 원찰 앙암사 주지가 꿈을 꾸어 발견하였으니 도움을 청한 것이 아닌가.

恭讓王高陵 支韻

峴達山中名墓支　　松林陽地古陵基
雙墳文石霧光薄　　孤狗坐燈傳說移
生俗流人南北動　　離塵風客極東馳
子方萬里望懷裏　　今有他誰超彼義

공양왕고릉

견달산 가운데는 이름있는 무덤이 지탱하고
솔숲 양지에는 공양왕릉 터로다.

쌍분의 문석은 안개 빛이 엷고
외로운 개 앉아있는 등 전하는 말이 다르더라.

속세에 살 때도 귀양가는 사람으로 남북을 움직였고
세상을 떠났어도 나그네로 극동을 달렸도다.

북쪽 만 리를 바라보고 생각하는 속에
이제 그 누가 있어 저 기운을 뛰어넘으리오.

▼ 해제(解題)

▪ 공양왕고릉을 2010년 7월 25일 탐방하였으며 경기도 고양시 덕양구 원당동 산65에 있다. 공양왕은 재위 4년 만에 폐위되어 공양군으로 강등되었고 강원도 간성으로 추방되었다. 그 후 삼척에서 50세에 생을 마감하였고 태종 16년에 다시 공양왕으로 추봉되었다. 왕비 순비와 쌍분으로 되어있다. 삼척에 왕의 부장품을 모아 봉분을 만들어 놓았다고 한다

武愍公墓 微韻

處暑老炎遲漸微　　高陽名將一墳碕
石階方墓肅氛猛　　松樹圓牆孤節緋
爲主予身貞恪特　　愛民戰勝獻勞巍
黃金謠詠大長裏　　武愍誠忠萬古輝

무민공묘

처서에 노염이 더디게 점점 약해지는데
고양은 명장의 유택이 있는 언덕이로다.
돌계단 네모난 무덤 엄숙한 기운이 무섭고
소나무 숲 둥근 담은 고절의 향기로다.
임금을 위하여 준 몸 곧은 정성이 특별했고
백성을 위해 싸워 이긴 공로가 높았도다.
황금의 노래를 읊으며 자란 속에
무민의 성충은 만고에 빛나리로다.

✔ 해제(解題)

▪ 무민공묘를 2010년 8월 20일 탐방하였으며 경기도 고양시 대자동 산70-2에 있다. 고려 명장 최영 장군의 묘소다. 공의 휘는 영(瑩)으로 본관은 동주(東州)라 한다. 공민왕 때 100번의 전투에서 매번 승리한 명장으로 특히 원나라에 속했던 압록강 서쪽을 공격하여 되찾았다. 이성계의 위화도 회군을 막지 못해 우리 민족의 한인 고구려 고토 회복의 한을 남겼다. 황금 보기를 돌같이 하라는 아버지의 가르침에 평생을 청렴하게 살았다고 한다. 시호는 무민(武愍)이다

喬桐鄕校 魚韻

江島流舟浮躍魚　　喬桐幽谷起儒閭

紅門鈍箭話千歲　　黑瓦古家藏七書

孔子奉安文廟始　　我邦鄕校發祥初

後山前海繞烟霧　　昔日經聲傾耳墟

교동향교

강화의 배 떠있는 것이 뛰는 물고기 같은데
교동 깊은 골에 선비 마을을 열었도다.

붉은 문 무딘 화살은 천 년을 말하고
검은 기와의 옛집은 칠서를 보관하고 있도다.

공자를 받들어 모신 사당이 처음이요
우리나라의 향교 발상이 처음이로다.

뒷산 앞바다가 연무에 둘리어 있는데
옛날 경소리에 귀를 기울이는 터로다.

✓ 해제(解題)

▪ 교동향교를 2010년 8월 29일 탐방하였으며 인천광역시 강화군 교동면 읍내리에 있다. 교동은 북한 개성에서 흘러 내려온 예성강과 한강이 서해로 합류한 아름다운 섬으로 유형문화재 제28호라고 한다. 고려 충렬왕 때 안향 선생이 공자의 초상화를 가져와 이곳에 모셨다고 한다. 향교 안에는 공자의 신주, 우리나라 유현의 위패를 모시는 대성전, 유생들이 배움을 익혔던 명륜당 등이 있다.

章威公墓 虞韻

連日颱風豊歲虞　　象山西脈一塋孤

方墳文武石人具　　圓碣短燈麗制模

賊將率軍南地慾　　章威談判北邦扶

此州自古有名米　　蔭德徐公千代姝

장위공묘

연일 태풍에 풍년이 걱정인데
상산의 서쪽 줄기 한 무덤이 외롭도다.

네모난 무덤 문무석이 갖추어 있고
둥근 비석 짧은 등잔 고려 제도를 본땄도다.

적장은 군사를 거느리고 남쪽 땅을 욕심냈고
장위공은 담판으로 북쪽 지방을 붙들었도다.

이 고을은 자고로 쌀이 유명한 곳인데
음덕을 베푸는 서공은 천대의 아름다움이로다.

✔ 해제(解題)

▪ 장위공묘를 2010년 9월 10일 탐방하였으며 경기도 여주군 산북면 후리에 있는 서희 장군의 묘소다. 공의 휘는 희(熙), 字 염윤(廉允), 이천인이다. 광종 11년 갑과에 올라 병판어사가 되었고, 거란이 쳐들어왔을 때 적장과 담판하여 물리쳤으며 여진이 곽산, 맹산 등 7주에 침입한 것을 물리쳐 내의시랑이 되었다. 목종 원년 57세로 졸하니 왕이 예장을 내렸다.

普覺國師塔碑 齊韻

千里黃波秋色齊　　南途探訪國師稽
華山深谷殿堂閣　　麟角空場碑塔磬
僧界睦菴唯普大　　史書遺事太高媞
老年敬孝歸鄕裏　　當日餘香萬古珪

보각국사탑비

천리 누런 물결에 가을빛이 가지런한데
남도길 탐방하여 국사를 물었도다.
화산 깊은 골엔 전당각이요
인각사 빈 마당엔 비와 탑돌이로다.
승계에서 목암은 오직 넓고 큰데
역사책 유사는 가장 높고 아름답도다.
노년엔 성효로 고향으로 돌아온 속에
당시에 남긴 향기는 만고의 아름다움이로다.

✔ 해제(解題)

▪ 보각국사탑비를 2010년 9월 26일 탐방하였으며 삼국유사를 지은 일연 선사의 탑비로 경상북도 군위군 고로면 화북리에 있다. 일연선사의 諱는 견명(見明), 字 회연, 號 목암, 諡號는 보각(普覺)으로 본관은 경주인이다. 대표관직은 삼중대사, 대선사다. 삼국유사는 일연선사 혼자서 쓴 야사로 고대 사료를 수록하고 있어 둘도 없는 문헌이다. 단군신화와 향찰로 표시된 향가 14수와 균여전에 수록된 11수는 고대 문학사에 절대적인 가치를 지닌다.

八萬大藏經板 佳韻

國寶寺中海印佳　　法堂後廡藏經齋
一千歲月颯窓特　　八萬板書層疊諧
佛力依憑安國禱　　江都移御怨讐捱
高麗文化穎才物　　世界明徵深感懷

팔만대장경판

국보 사찰 중 해인사가 아름다운데
법당 뒤채에는 장경각이 있도다.

일천 년 세월을 지내온 바람 창이 특별하고
팔만 경판을 겹으로 포개 어울려 놨도다.

불력에 의지해 나라를 편안히 하려 빌었고
강도로 임금이 옮겨 원수를 막으려 했도다.

고려 문화의 빼어난 재주의 물건으로
세계가 밝게 증명했으니 감회가 깊도다.

해제(解題)

▪ 팔만대장경판은 경상남도 합천군 가야면 치인리에 있는 해인사 안에 있으며 2010년 10월 10일에 탐방하였다. 고려는 대장경판각을 통해 불심으로 거란의 침입을 막으려 이 대장경이 만들어졌고, 이것은 고려 고종 19년 몽고 침략으로 소실되어 다시 대장경을 판각한 것이다. 세계최대 목판본 국보32호, 유네스코 지정 세계기록유산 세계문화유산이 한 공간에 지정된 것은 이 해인사가 유일하다고 한다.

舍人巖 灰韻

九月丹陽殘照灰　　清溪深谷大高瑰
舍人號號景中特　　巖石層層天上嵬
時調善吟名唱士　　易經不倦講官才
京儒此處探光裏　　八景讚歌頭角晐

사인암

구월 단양은 저녁노을이 회색인데
맑은 계곡 깊은 골에 높은 옥돌이로다.

사인이란 이름과 이름은 경치가 특별하고
바윗돌 층층이 하늘 위로 높도다.

시조를 잘 읊는 명창의 선비요
역경을 게을리 않고 강의하는 재주로다.

서울 선비 이곳의 빛을 더듬는 속에
팔경 찬양하는 노래에 으뜸을 갖추었도다.

✔ 해제(解題)

▪ 사인암은 충청북도 단양군 대강면 사인암리 산27에 있으며 2010년 10월 29일에 탐방하였다. 이곳은 고려 말 대학자 단양인 우탁(禹倬)선생이 감찰규정으로 충선왕의 밀통을 극간 하다가 물러나 낙향하여 글을 벗 삼으며 말년을 보낸 곳으로 유명한 시조 춘산에 눈 녹인 바람과, 한 손에 막대 잡고 등 많이 알려진 두 시조가 있다.

龍虎石 眞韻

川內錦山黃菊眞　殘秋空畓葦花玟
左龍卷坐玉珠噬　右虎踞蹲毛氄贇
濫浪渡江浮筏備　平沙落雁善墟諲
麗王避亂聞風水　國祉萬年長久臻

용호석

금산 천내리엔 국화가 참인데
가을 끝 빈 논엔 갈대꽃이 곱도다.

왼쪽 용은 말고 앉아 옥구슬을 물고 있고
오른쪽 범은 구부리고 앉아 털이 아름답도다.

넘치는 물결 건너는 강엔 뗏목이 갖추어 있고
평사 낙안의 좋은 터를 공경하였도다.

고려 왕이 피난 와서 풍수를 듣고
나라의 복이 만년토록 오래 이르게 하였도다.

✔ 해제(解題)

▪ 용호석은 충청남도 금산군 제원면 천내리에 있으며 2010년 11월 5일에 다녀왔다. 충남 유형문화재 제4호로 지정되어 있으며 크기 1.38m로 네모난 받침돌 위에 호랑이가 앞발을 세우고 웅크리고 앉아 북쪽을 노려보며 포효하는 모습이다. 공민왕이 홍건적 난을 피하여 안동으로 가던 중 명당이라 묘를 지정하여 석물을 준비토록 했는데 난이 끝난 후 잊혀진 바 되었다고 한다.

崔婁伯孝子閣 文韻

自古峯潭淸邑文　汾川岸上一閭廛
丹靑瓦屋竝連竪　山下石碑嚴重氛
十五虎讎持釜售　三年墓幕竭誠殷
名書記載續來裏　子子孫孫千代君

최루백효자각

자고로 봉담은 예의 고을로 빛나는데
분천 언덕 위엔 한 고을의 작은 집이로다.
단청한 기와집이 나란히 이어져 세워졌고
산 아래 돌비석은 엄중한 기운이로다.
열다섯에 호랑이 원수 도끼로 잡아 갚았고
삼 년 시묘살이 정성을 다함이 크도다.
명서에 기재되어 전해 내려오는 속에
자자손손 천대로 향기로우리로다.

✔ 해제(解題)

▪ 최루백효자각 : 경기도 화성시 봉담읍 분천리에 있는 최루백효자각을 2010년 12월 24일에 탐방하였다. 고려 때 문신 최루백의 효행을 기리기 위한 정문비각이다. 본관 수원으로 호장인 아버지가 사냥을 나갔다가 호랑이에게 잡혀먹자, 호랑이 자취를 찾아 호랑이가 누워있는 것을 도끼로 내리쳐 배를 갈라 아버지의 살과 뼈를 담아 장례를 지낸 후 삼년 시묘살이를 했다고 한다. 후에 공은 한림학사에 오르고 100세까지 장수했다고 한다.

開泰寺 元韻

天護連峯靈氣元　　立春陽地釋徒庵
堂中石佛救生命　　庭後鐵盔餔法門
濟末此墟千古恨　　麗初彼野大韓呑
丹青瓦屋磬魚守　　開泰伽藍萬世掀

개태사

천호의 연산 봉우리는 영기가 큰데
입춘 양지 중들의 집이로다.
법당 안에 돌부처는 인명을 구하고
뜰 뒤의 철솥은 문도를 먹였도다.
백제 말 이 터는 천고의 한탄이요
고려 초 저 들판은 대한을 삼켰도다.
단청의 기와집은 풍경이 지키고
개태사 절, 만대에 들어 올리리로다.

✓ 해제(解題)

▪ 개태사를 2011년 2월 5일에 찾았다. 충청남도 논산군 연산면 천호리에 있으며 고려 때의 대형 철제 솥이 있는 절이다. 이 절은 고려 태조가 936년 황산에 주둔할 때 후백제 신검에게 항복을 받아 후삼국을 통일한 것을 기려 창건한 절이다. 태조가 황산을 하늘의 도움이라 하여 천호산(天護山)이라고 고치고, 이곳에서 성대한 낙성법회를 열었다고 한다.

三槐亭 寒韻

雨水冠山殘雪寒　　懷州古址一槐胖
石墳遯臥閒中瑁　　老木濃陰坤上珊
女妓亭名貞義結　　玉京墓說口碑爛
海風春氣依依裏　　里首對賓今日歡

삼괴정

우수의 관산엔 잔설로 찬데
회주 옛터에 한 느티나무 크도다.

고인돌은 누워 한가한 가운데 대모요
노목의 짙은 그늘은 땅 위의 산호로다.

여기정의 이름이 곧고 의롭게 맺혀있고
옥경이 묘 얘기가 말로 전함이 빛나도다.

해풍에 봄기운이 하늘하늘한 속에
이장님 손님 대함이 오늘 아주 기쁘도다.

✓ 해제(解題)

▪ 삼괴정은 전라남도 장흥군 관산읍 방촌리에 있으며 2011년 2월 19일에 탐방하였다. 670년 되었다는 괴목과 삼괴정이라 음각된 큰 바위와 고인돌이 산재되어 있으며 회주 명기(名妓) 명월과 경옥이 심었다 한다. 나무 높이 20m 몸통 3.9m 보호수 느티나무로 풍흉을 점쳐주는 노목이라고 한다.

八馬碑 刪韻

雨水昇平春氣刪　　古來八馬有言斕
大街碑閣白身石　　瓦屋層堂紅筆顔
善政邑民恩報謝　　德音太守德酬般
麗時往事顧懷裏　　龜鑑崔公千代憪

팔마비

우수의 승평은 봄기운이 새겨지는데
고래로 여덟 말 전해 오는 말이 빛나도다.

큰 거리 비각 흰 몸의 돌이요
기와 층대의 붉은 글씨의 얼굴이로다.

선정하여 읍민이 은혜에 보답해 사례함이요
덕망 있는 태수 덕으로 갚아 돌려주었도다.

고려 때 지난 일을 추회하는 속에
귀감의 최공 천대에 흐뭇하도다.

✓ 해제(解題)

▪ 팔마비는 전라남도 순천시 중앙동에 있으며 2011년 2월 19일에 탐방하였다. 팔마비는 고려 충렬왕 때 순천부사 최석(崔碩)이 치적이 뛰어나서 내직으로 영전하자 고을 사람들이 관례에 따라 말 여덟마리를 바쳤는데 상경 뒤 태어난 말 한 마리를 더해 아홉 마리를 보내와 청렴의 본을 보여주어 종래의 헌마폐습(獻馬弊習)이 없어졌다고 한다. 동국여지승람에 자세히 실려 있다.

奉哥池 先韻

驚蟄陽光江島先　　探尋富近里中淵
禾頭碑石孝孫恪　　瀶水潛雲靈氣漣
村嫗貴童知見薦　　麗王賜愛大舒延
古來遺事詠吟裏　　今日奉門歌讚璿

봉가지

경칩의 따뜻한 빛이 강화에 먼저 오는데
더듬어 찾은 부근리 가운데의 연못이로다.
논머리 비석은 효성스런 후손의 정성이요
웅덩이 잠긴 구름은 신령스런 물 무늬로다.
마을 할미 귀한 아이 알아보고 올렸고
고려 왕이 사랑으로 크게 펼치게 하였도다.
고래로 남아 있는 일 찾아 갱음하는 속에
금일 봉씨 문중을 노래로 기리는 구슬이로다.

✔ 해제(解題)

▪ 봉가지는 인천광역시 강화군 하점면 부근리에 있으며 2011년 3월 6일 탐방하였다. 향토유적 25호로 노파가 우물에서 물을 긷는 중 붉은 구름이 연못으로 떨어지고 돌상자가 떠올라 열어보니 용모가 뛰어난 사내아이가 있어 임금께 바쳤다고 한다. 임금께서 봉우란 이름을 내렸으며 후에 벼슬이 정당문학 좌복야에 이르렀으며 하음백에 봉해졌다고 한다.

表忠祠 蕭韻

春日達城緋茁蕭　東區山下一齋寮
竹林尙節廟堂大　松樹表忠壇墓昭
申將換衣高祖救　麗王誠祭頌歌邀
殺身爲主傑銅像　萬古偉人青史彫

표충사

봄날 달성은 쑥이 싹이 돋아 향기로운데
동구 산 아래에 한 재실이 높도다.

대숲의 상절당 집이 크고
솔담의 표충단 묘가 밝도다.

신장군 옷을 바꾸어 고려 왕을 구했고
고려 왕의 정성스런 제사 송가로 맞았도다.

주인 위해 살신한 영웅의 동상이요
만고의 위인으로 청사에 새겼도다.

✔ 해제(解題)

▪ 표충사는 대구광역시 동구 지묘동에 있으며 2011년 3월 26일에 탐방하였다. 고려개국공신 평산신씨 시조 초명 능산 신숭겸의 사당이다. 공은 서기 927년 후백제 견훤을 맞아 팔공산에서 싸우던 중 위기에 빠지자 왕건과 옷을 바꾸어 입고 자신은 장렬히 전사하고 왕건을 구한 충신이다. 후에 왕건이 춘천에 지묘사를 세우고 명복을 빌며 토지를 하사하였다.

源仁齋 肴韻

春日陽光備酒肴　　一車西出邵城郊
源仁齋閣瓦溝老　　看雉島墳松筍媌
羅代名門皇姓受　　麗時王后衆生巢
噲正京客詠吟裏　　李閥家聲千歲詨

원인재

봄날 따뜻한 볕에 술과 안주 갖추어졌는데
한 수레 서쪽으로 나가니 소성의 들이도다.

원인재각의 기와골이 늙었고
간치도 분묘에 솔순이 아름답도다.

신라 때 명문으로 황제의 성을 받았고
고려 때 왕후가 많이 나와 높도다.

시원한 마루 서울나그네 갱음하는 속에
이씨 문중의 소리 천대에 부르짖는도다.

✔ 해제(解題)

▪ 원인재는 인천시 연수구 연수동 경원대로에 있으며 2011년 4월 3일에 탐방하였다. 원인재는 인천이씨 시조 李 상서공을 추모하는 곳이다. 공의 諱 겸(謙)으로 가락국 수로왕의 아들로 왕께서 왕후의 성을 주셔서 김씨가 허씨가 되었는데, 이 분이 당 현종에게 벼슬할 때 황제의 성 李氏를 賜姓하여 인천이씨의 시조가 되었다. 시조공의 묘소는 재실 경내에 있으며 왕비를 열 분이나 배출한 명당이다.

忠烈書院 豪韻

春日駒城和暢豪　　山中書院美風高
慕賢齋閣節威肅　　忠烈楣名貞義滔
麗末孤臣身禍被　　鮮初痛魄好徵遭
銘旌颺地明堂裏　　唯一丹心萬世號

충렬서원

봄날 용인은 화창하여 좋은데
산중의 서원은 끼쳐온 아름다운 풍속이 높도다.

모현 재각은 대절의 위엄이 엄숙하고
충렬의 현판 이름엔 절의가 넘치는도다.

고려 말 고신은 몸에 화를 입었고
조선 초 아픈 넋은 좋은 징조를 만났도다.

명정이 날아간 터가 명당인 속에
오직 한 붉은 마음 만세를 부르짖는도다.

✔ 해제(解題)

▪ 충렬서원은 경기도 용인시 모현면 능원리에 있으며 2011년 4월 9일에 다녀왔다. 고려 말 절신 포은 정몽주 선생을 주벽으로 모신 서원이다. 영일정씨(鄭氏)이고 포은(圃隱)은 그 號며 시호는 문충(文忠)이다. 이방원이 포은의 단심가로 충절을 꺾을 수 없음을 알고 문객 조영규를 시켜 선죽교에서 살해하였다. 포은 선생은 충렬서원을 비롯한 많은 서원에 제향되었다.

文學臺 歌韻

榴夏完州青氣歌　　黃尨山上一臺羅
楣名文學筆香特　　詩板律吟騷客峨
振作儒風流遠逐　　會同鄉士教書磋
李公高節詠韶裏　　此地遺存崔古玻

문학대

오월 전주는 푸른 기운의 노래인데
황방산 위 한 집이 벌려 있도다.
중방이름 문학은 붓 향기 우뚝하고
시판엔 율 읊은 시객들 높도다.
떨쳐 일으킨 유풍 때문에 멀리 쫓겨났고
시골 선비 모아놓고 글을 가르쳤도다.
이공의 높은 절개 갱창하는 속에
이땅에 남아있는 최고로 오래된 보배로다.

✔ 해제(解題)

▪ 문학대는 전라북도 전주시 완산구 효자동에 있으며 2011년 6월 6일에 탐방하였다. 문학대는 전주이씨 시조로부터 22세손 문정(文梃) 황강공께서 벼슬에서 물러나 귀향하여 지은 집, 아마 서당이라 생각이 든다. 공은 고려 말 흥불교폐(興佛校廢) 정책에 맞서 학교중창 상소를 올렸으나 뜻대로 안 되자 고향으로 내려와 지은 것이 문학대라고 한다.

海雲堂址 痲韻

江島人人衣枲痲　　海風來往竹聲笳
南山深谷淑淙曲　　屛石苔階士履砂
息影論詩交友本　　杏村世紀史著葩
無雙稀貴有來裏　　萬代高賢稱頌遐

해운당지

강화 사람들 시원한 모시 베옷을 입고
해풍이 오가는데 대숲의 호드기소리 들리도다.
남산 깊은 골짜기는 맑은 물소리 노래요
병풍바위 이끼 계단 선비 신에 걸린 모래로다.
식영과 시를 논함은 벗을 사귀는 근본이요
행촌의 단군 세기는 역사책의 꽃이로다.
둘도 없이 희귀하게 전해지는 속에
만대의 높은 어진이로 칭송이 멀리로다.

해제(解題)

▪ 해운당지는 경기도 강화군 선원면 선행리 남산에 있으며 2011년 7월 9일에 탐방하였다. 이곳은 행촌 이암(杏村 李嵒) 선생께서 관직에서 물러난 후 초막을 엮고 단군세기를 엮은 곳을 탐방한 곳이다. 해운당은 주춧돌만 나무 숲속에 있어 바위에 새긴 글이 아니면 알 수 없을 것이다. 공의 초명은 군해(君侅), 개명이 암(嵒), 자는 고운(古雲), 스스로 홍행촌수 거처하던 집을 해운당(海雲堂)이라 하였다.

孔巖津址 陽韻

中伏暴炎溫路陽　　孔巖津址凉陰疆
屛風石下深玄屈　　遊憩園前蘚碣塘
救國誠忠臣義本　　投金兄弟善仁根
梅雲時調讚吟裏　　李許歌傳萬代芳

공암진지

중복 폭염에 길바닥이 뜨끈뜨끈한데
공암진 터는 서늘한 그늘 지경이로다.
병풍바위 아래 깊고 검은 굴이요
공원 앞에 이끼 낀 바윗돌 연못이로다.
나라 구한 성충 신하의 의로운 근본이요
금덩이 던진 형제는 선인의 배판이로다.
매운의 시조를 기리며 읊는 속에
이씨와 허씨 노래 전함이 만대의 향기로다.

✔ 해제(解題)

▪ 공암진지는 서울특별시 강서구 가양2동에 있으며 2011년 7월 23일에 탐방하였다. 양화도 아래의 큰 바위로 옛날에 큰 바위가 물 복판에 있었고 구멍이 나 있어 구멍 바위라 하고 또 이곳을 건너다녔다 하여 공암나루터라 불렀다 한다. 공민왕 때 형제가 황금 두 덩이를 주워 배를 탔는데, 갑자기 동생이 금덩이를 강물에 던져 이유를 물은즉 형의 황금이 욕심이 나서 그랬다고 하는 유명한 투금탄 얘기가 전해진다.

龍田齋 庚韻

千里南行豊野庚　　長城山下一齋宏

丹青瓦屋堂堂特　　黃赤圓牆迤迤明

致仕侍中忠節表　　藥缸碑語孝誠旌

遺墟風竹寂蕭裏　　再說徐門千代英

용전재

천 리 남쪽을 가니 풍부한 들이 넓은데
장성산 아래 한 재실이 크도다.

단청의 기와집 당당히 우뚝하고
누르고 붉은 둥근 담 구불구불 이어 밝도다.

시중 벼슬 내놓은 것은 충절의 표요
약 항아리 새긴 비석은 효성의 표창이로다.

옛터에 풍죽 소리가 쓸쓸한 속에
다시 말해 서씨 문중 천대로 꽃다웁도다.

✔ 해제(解題)

▪ 용전재는 전라남도 장성군 북일면 성덕리에 있으며 2011년 10월 9일 탐방하였다. 서 절효공 서능(徐稜)선생의 재실이다. 공은 장성서씨의 시조로 고려 고종 때 벼슬이 시중에 올랐으나 어머니 병이 위중하여 귀향하였으며, 오직 생구리를 달여 먹어야만 효험이 있다 하여, 몹시 근심하던 중 약탕기에 생개구리가 떨어져 이것을 끓인 것을 환부에 붙여 쾌유하였고, 이에 정려의 포상으로 장성 식읍 27만평과 시호를 절효공(節孝公)이라 하사하셨다고 한다.

淮陽公夫人墓 靑韻

古邑春川湖水青　　公園節婦一祠靈
老松圓墓肅嚴飾　　野菊方碑雄壯銘
豐壤趙門夫位善　　固城李氏妻功婷
杏村女息閥家後　　庭訓繼承千代熒

회양공부인묘

옛 고을 춘천의 호수가 푸른데
공원엔 절부의 한 사당이 신령스럽도다.

노송 속 둥근 묘는 엄숙하게 꾸며있고
들국화 네모 비석 웅필로 새겼도다.

풍양조문의 남편 자리가 훌륭했고
고성이씨 부인의 공이 아름다웠도다.

행촌 여식으로 명가의 후손이요
정훈의 계승하여 천대에 빛나리로다.

✓ 해제(解題)

▪ 회양공부인묘를 2011년 11월 6일에 탐방하였으며 강원도 춘천시 애막동에 있다. 회양공부인은 풍양 조공 신(愼, 古名思廉)의 부인으로 문정공 이암(李嵒)의 딸이다. 회양공은 태종 이방원의 소시(少時) 때 사부(師傅)였다고 하며 회양공 부인은 춘천에 숨어 살며 난세를 극복하고 두 아들을 훌륭하게 성장시켜 춘천과 강원도에서 여성의 귀감이 되었다고 한다.

渡東齋 蒸韻

復月牙山寒氣蒸　渡東齋室竹林陵
庭前老木茂枝大　牆後古墳銘碣嶒
宋末將軍浮海筏　麗朝封邑走天鵬
遠孫蔭德繼綿裏　今日蔣門詠讚弘

도동재

동짓달 아산엔 한기가 더하는데
도동재실은 대숲의 언덕이로다.

뜰 앞의 노목은 우거진 줄기가 크고
담장 뒤 고분의 새겨진 비석이 높도다.

송나라 말 장군은 뗏목타고 바다를 건넜고
고려조에서 고을을 주니 하늘 달리는 붕새로다.

먼 후손에게 음덕이 면면히 이어지는 속에
금일 장씨 문중 기리는 노래가 크도다.

▼ 해제(解題)

▪ 도동재를 2011년 12월 4일 탐방하였으며 아산시 인주면 문방리에 있다. 아산군 장(蔣)공을 추모하는 재실이다. 공의 휘는 서(壻)로 송나라 금자광록대부 신경위 대장군이었다. 금나라 침입에 송나라가 망하자 뗏목을 타고 아산으로 건너왔다. 고려왕이 식읍을 주고 아산군으로 봉하니 아산을 본관으로 삼았다. 공의 묘소는 아산군 이서면 영인산 아래 있으며, 봉분이 심히 커서 장릉이라 칭했다.

判事公壇 尤韻

騷客一車興感尤　陽城古邑李門區
岸中壇墓肅莊美　墳下碣碑溫潤牟
判事公忠誠敬極　與賢同被悉皆流
清高堅節詠歌裏　代代傳言竹帛烋

판사공단

시인들 한 수레 감흥을 더하는데
양성 옛 고을 이씨 문중의 지역이로다.

언덕 가운데 단묘는 단정하게 엄숙하고
묘아래 비석은 따뜻이 빛남이 크도다.

판사공의 충성은 공경이 지극했고
어진 이와 더불어 다 귀양을 입었도다.

맑고 높은 굳은 절개를 갱창하는 속에
대대로 전하는 말 청사에 아름답도다.

✔ 해제(解題)

▪ 판사공단은 경기도 평택시 죽백동에 있으며 2012년 1월 8일에 탐방하였다. 양성이씨 세장산 시조묘역이라 자연석에 새긴 비석이 있다. '공은 휘 수인(守仁)이며 고려 말 여러 제현과 나라를 위해 강상에 힘을 기울였으나, 선죽교 비사에 유배를 가는 도중 피살되었거나 불귀의 객이 되어 둔적을 하게 된 것이다. 따라서 종적이 실전되어, 시조공단 아래에 부향하게 되었다.'라고 기록되어 있다.

稼亭里 侵韻

傳說稼亭憐惜侵　　昔儒遺址一車尋
閑村江岸往來小　　盤水鉤墟浚土崟
遊學知元難問解　　大公因果里名臨
竹夫人體古章類　　麗代書中稱世琛

가정리

전하는 말 가정이 가련하고 아까운 마음이 들어
옛 선비의 남은 자취 한 수레를 타고 찾았도다.
한가한 촌 강 언덕은 왕래가 적고
반수의 낚시터는 준설하는 흙으로 높도다.
유학하여 원 나라를 알아 어려운 문제를 풀었고
대공의 인과는 고을 이름으로 임했도다.
죽부인 가전체의 문장류는
고려시대 글 중 세상의 보배로 일컬어지도다.

✓ 해제(解題)

▪ 가정리는 경기도 여주군 북내면 가정리이며 2012년 1월7일에 탐방하였다. 고려말엽 대학자 초명은 운백(芸白), 자는 중보(中父), 號가 가정(稼亭), 시호 문효(文孝), 목은 이색의 아버지가 되신다. 공은 정당문학에 올랐으며 한산군으로 봉해졌다. 이제현과 편년강목을 증수하고 충렬왕, 충성왕, 충숙왕 三朝의 실록을 편찬하였고, 가정집(稼亭集) 20권이 전해지고 있다. 이곡선생이 원나라에 동녀차출을 금지시켰고 원나라가 고려에 압력을 넣어 공이 이곳에 귀향을 온 곳이다.

靑石橋 覃韻

郡北古村增若覃　下車問地大田南
橋名靑石水常綠　邑號沃川山亦藍
蚊屬飛飛人臭樂　使君夜夜秘方惔
將軍嚴令一言裏　寧日鄕民眞貴馦

청석교

군북 옛 고을 증약에 이르러
차를 내려 땅을 물으니 대전 남쪽이로다.

다리 이름은 청석이요 물은 항상 푸른데
고을 이름 옥천은 산 또한 쪽빛이로다.

모기 무리 날고 날며 사람 냄새를 즐기고
태수는 밤마다 비방을 근심 했도다.

장군의 엄한 명령 한 마디 속에
편안한 날 마을사람에게는 참 귀한 향기로다.

▼ 해제(解題)

▪ 청석교는 충청북도 옥천군 군북면 증약리에 있으며 2012년 1월 27일에 탐방하였다. 옛날 강감찬 장군의 미담이 전해지는 곳으로 아버지의 명으로 신혼을 치르지 못하고 100번의 경험을 치른 후에 집에 오라는 엄명의 이야기가 전해 100번 상회가 지금도 있다. 장군의 명성에 마을 사람들이 극성스런 모기퇴치를 호소하여 모기떼 우두머리에게 호통 쳐 오늘날까지 모기가 없다고 한다. 이 다리는 신라 문무왕 때 만들어진 다리라고 한다.

金就礪將軍墓 鹽韻

西海江都風味鹽　　探尋麗將一墳謙
松林封土草臺美　　碑碣銘書名筆恬
擊退契丹爭戰勇　　親交蒙古善謀瞻
千年往事顧懷裏　　今日賡吟長遠忺

김취려장군묘

서해의 강화는 바람 맛이 짠데
더듬어 찾은 고려 장군의 무덤이로다.

솔숲에 봉해준 터는 잔디가 아름답고
비석에 새겨진 명필이 편안하도다.

거란 격퇴하는 싸움에 용맹했고
몽고 친교에 좋은 꾀를 우러러 보았도다.

천 년의 지난 일을 추회하는 속에
금일 돌려 부르는 노래 영원히 기쁘리로다.

✔ 해제(解題)

▪ 김취려장군묘는 경기도 강화군 양도면 하일리에 있으며, 2012년 2월 17일에 탐방하였다. 공의 휘는 취려(就礪), 시호는 위열(威烈), 언양(彦陽)인이다. 명종 때 태사부가 되어 대장군이 되었고 서북면병마사가 되었다. 연이어 거란군이 세 번이나 침입하였고, 그때마다 크게 물리쳐 나라를 구한 명장이다. 벼슬이 문하시랑평장사에 올랐고 상장군이 되었다. 숭의전에 배향되고 고종 묘정에 조충과 함께 배향되었다.

節婦里 咸韻

早出一車南走咸　　探尋節婦善行瑊
瓦家碑閣老松特　　飛榭覺楹櫻木凡
倭亂夫君爭戰殄　　賊軍妻室抗兇詀
新婚痛事鄉廳憮　　崔女精神千代嶄

절부리

아침 일찍 한 수레 남쪽으로 달려
더듬어 찾은 절부 선행의 옥돌이로다

기와집 비각엔 노송이 우뚝하고
나는 듯한 정자엔 앵두나무가 범상하도다

왜란 때 남편은 전쟁에 나가 목숨을 잃었고
적군에게 부인은 흉칙하게 희롱당했도다

신혼의 아픈 일 향청이 어루만지는 속에
최씨 부인의 정신은 천대에 높으리로다

✔ 해제(解題)

▪ 절부리는 경상남도 거창군 거창읍 송정리에 있으며 2012년 3월 1일에 탐방하였다. 절부리는 1380년 고려 우왕때 왜적이 쳐들어와 남편 김순은 중랑장으로 출정하고 시모와 사는데 왜군이 욕보이려 하자 왜군이 만졌던 유방을 칼로 잘라 사발에 넣고 배를 찔러 죽었다고 한다. 이에 왜군이 놀라 물러갔다고 한다. 그런고로 나라에서 節婦里란 이름을 내렸다고 한다.

禪源寺 東韻

古代文明開自東　　江都花木善墟躬

高城朗子始皇撫　　大寺禪源僧讀崇

昔日藏經書板刻　　今時祝祭菡池通

殘存遺物昔閑散　　草野空虛楹礎洪

선원사

고대의 문명은 동쪽으로부터 열렸는데
강화는 꽃과 나무의 좋은 땅의 몸이로다

높은 성 낭자는 단군 황제가 어루만졌고
큰 사찰 선원사는 경 읽는 소리가 높도다

옛날엔 대장경을 판각했고
지금은 축제의 연못으로 통했도다

남아있는 유물은 예전에 한가로이 많이 흩어졌는데
풀밭 빈터엔 주춧돌만 크구나

∨ 해제(解題)

▪ 선원사는 인천광역시 강화군 선원면 지산리에 있으며 2009년 8월 7일에 다녀왔다. 선원사는 고려 고종이 강화로 천도하여 창건한 국찰로 순천 송광사와 함께 당대 국사 고승들이 이끈 절로 고려 대장경을 태조 때 이곳에 있던 것을 서울로 옮겼다는 기록이 있다고 한다. 최초의 대장경이 소실되어 다시 만든 팔만대장경을 재조대장경이라하며 세계문화유산에 등재되었다고 한다. 이것이 선원사에서 만들어졌다고 한다. 지금은 넓은 터만 있는데 복원을 계획 중이라고 한다.

燕子灘 冬韻

秋月高天寒早冬　長江南漢汏聲恭
水中羊島作灘急　岸下草萊多苾丰
麗末碩儒忠有狷　鮮初筵席固無雍
當時竹葉處何在　悲史千年堅節宗

연자탄

가을달 높은 하늘은 찬 이른 겨울인데
장강 남한강 물결 소리가 공손하도다.

물 가운데 양섬은 급한 여울을 만들고
언덕 아래엔 풀이 많아 향기롭고 아름답도다.

고려 말 큰 선비 충성은 깨끗함이 있었고
조선 초 잔치자리엔 진실로 어울림이 없었도다.

당시의 댓잎은 아디에 있는고?
슬픈 역사 천년에 굳은 절개 높도다.

✔ 해제(解題)

▪ 연자탄은 경기도 여주군 여주읍 천송리 여강에 있으며 2009년 9월 25일에 탐방하였다. 이곳은 여말 절신의 대학자 목은 이색의 마지막 흔적지다. 여말 이성계가 공을 회유하였지만 공이 굳은 결의를 굽히지 않자 친구의 예로 작별을 하고 이곳 여강 제비울에 도착하여 이성계가 보낸 독주를 마시며 댓잎을 강가운데로 던지며 "이 대가 살아난다면 곧 내 마음의 절개를 보리로다." 하며 배안에서 운명했다고 한다. 이 자리가 연자탄, 제비울이다.

孫乭項 江韻

西海黃波呑漢江　　誕生孫乭項名瀧
廣城堡岸魄魂伏　　德浦鎭邊談話哤
昔日舟師王命護　　近來洋寇掠侵㩳
當時悲事這傳裏　　十月寒風闢口摐

손돌항

서해 누런 물결이 한강을 삼켜서
손돌항이란 이름난 여울이 탄생했도다.
광성보 언덕에 혼백이 엎드려있고
덕포진변에 이야기가 시끄럽도다.
옛날 주사가 임금의 목숨을 보호했고
근래엔 도적떼들의 침략이 두려웠었도다.
당시 슬픈 일이 끼쳐 이 전하는 속에
시월 한풍이면 말하라 입을 두드리는구나.

✓ 해제(解題)

▪ 손돌항은 경기도 김포시 대곶면 신안리에 있으며 2009년 10월 10일에 다녀왔다. 고려 고종 19년에 몽고의 난을 피해 강화로 갈 때 김포 대곶면 신안리와 광성보 사이 여울을 지나는데 이곳은 여울이 협소하고 바닥에 암초가 있어 항해가 몹시 힘든 곳이다. 왕은 초조하고 불안한 나머지 뱃길이 막힌 곳으로 간다고 의심하여 목을 치라고 한다. 손돌이는 바가지를 띄우며 흘러가는 대로 가라고 하며 죽는다. 과연 무사히 항구에 도착하여 이곳에 후히 장사지내고 사당을 세워 혼을 위로했다고 한다.

落星垈 支韻

冠岳山陰靈氣支　　虎龍左右秘墟基
落星垈上黑碑久　　安國祠中影幀丕
鄕邑善治官技駭　　龜州大捷義高馳
竝兼文武敬忠裏　　靑史萬年成太禧

낙성대

관악산 북쪽은 신령한 기운이 지탱하는데
좌청룡 우백호의 신비스러운 터로다.
낙성대 위에는 검은 비석이 오래되었고
안국 사당 가운데는 영정이 크도다.
향읍에서 잘 다스린 재주가 놀라웠고
귀주 대첩의 이름이 의롭게 높이 달렸도다.
문무를 겸비한 경충 속에
우리 역사 만년의 큰 복을 이루었도다.

✔ 해제(解題)

▪ 낙성대는 서울특별시 관악구 봉천동에 있으며 공려의 명장 강감찬 장군의 출생지로 2009년 11월 6일에 다녀왔다. 장군은 初名이 은천(殷川), 본관 금천(衿川), 시호는 인헌(仁憲)으로 983년 문과 장원급제하여 예부시랑이 되었고 거란군을 격퇴하였으며, 그 뒤 문하시중이 되어 재차 침입한 거란을 물리친 명장으로 고려의 을지문덕 장군, 조선의 이순신 장군과 더불어 우리나라 삼대 명장이다.

燕尾亭 微韻

菊月江都秋色微　端亭燕尾爽風機
壓波高柱古檐毅　親鷺噲正槐老緋
麗代九齋修學壯　鮮時一將拓倭巍
棟樑輩出有名處　以後萬年長久輝

연미정

구월 강화도는 가을빛이 옅은데
단정한 정자 연미정에 맑은 바람 상서롭도다.
파도를 누르는 높은 기둥 오래된 처마가 굳세고
갈매기 친한 넓은 마루 늙은 느티의 향기로다.
고려 때 구재는 학문을 닦음이 씩씩했고
조선 때 한 장수 왜를 물리침이 높도다.
동량을 배출한 유명한 곳인데
이후 만년에 오래도록 빛나도다.

∨ 해제(解題)

▪ 연미정은 인천광역시 강화읍 월곶리에 있으며 2009년 11월 13일에 다녀왔다. 김포시가 한눈에 들어오는 언덕의 정자로 옛날엔 서울로 들어오는 배가 이 정자 밑에 닻을 내려 조류를 기다려 한강으로 들어갔다고 한다. 연미정은 한강과 임진강이 합류하는 지점으로 그 모양이 꼭 제비 꼬리와 같다고 하여, 이름을 연미정이라 했다고 한다. 특히 이곳은 고려 고종이 사립교육기관인 구재서원을 세워 영재를 모아 동량을 배출시킨 곳이라고도 한다.

第六部

高麗戀韻

梅山書院 東韻

今日漢詩初韻東　　驪江探訪一祠穹
箭門道側石碑笑　　書院庭前香木憧
元主誘求貞節退　　慈堂侍奉孝誠充
遠邦歸路得絲子　　以後冬衣功大翁

매산서원

금일 한시 시작하는 운이 동인데
여강을 탐방하니 한 사당이 높도다.
홍살문 옆에는 돌비석이 웃고 있고
서원 앞마당엔 향나무가 기쁘도다.
원나라 임금 유혹함에 정절로 물리치고
어버이 받들어 모심에 효성으로 채웠도다.
먼 나라에서 오는 길에 목화씨를 얻었으니
이후 겨울옷에 이바지한 공이 큰 늙은이로다.

✓ 해제(解題)

▪ 매산서원을 2012년 6월 16일에 다녀왔다. 경기도 여주군 능서면 번도리 321번지에 있으며 고려 말 절신 文 삼우당을 추모하는 곳이다, 공의 휘는 익점(益漸), 字 일신(日新), 남평인이다. 우문관제학이 되어 원나라에 사신으로 가서 귀국할 때 붓끝에 목화씨를 숨겨와 번식시켰으며 솜틀기계와 씨아를 발명하였다.

三莊齋 冬韻

流汗暴炎難韻冬　　吟車南走錦城逢
三莊齋閣聳檐肅　　四位壇碑苔碣恭
麗字稱名堅節表　　首山薇唱狷忠鼕
奉先遺志考槃裏　　閥族金門千古宗

삼장재

흐르는 땀 폭염에 동운이 괴로운데
노래하며 남으로 달려 금성에 왔도다.
삼장재는 나는 듯한 솟은 처마가 엄숙하고
네 분의 단비는 이끼 낀 비석으로 공손하도다.
'려' 자 이름을 붙임은 굳은 절개의 표요
수산 고사리 노래는 깨끗한 충성의 북소리로다.
조상을 받든 유지로 고반하는 속에
벌족의 김씨 가문은 천고에 높도다.

해제(解題)

■ 삼장재를 2012년 7월 7일에 다녀왔다. 전라남도 나주시 공산면 상방리에 있는 고려 말 절신 金수산공을 추모하는 재실이다. 공의 휘는 자진(子進), 號 수산(首山), 광산인이다. 공은 공민왕조에 벼슬이 금위사정이 되었는데 고려가 망하자 나주 비음방으로 숨어들어 정자를 수산(首山)이라 하고, 우물을 여정(麗井)이라 하며 대절을 지켰다. 신라 왕손의 후손으로 삼대가 충절의 집안이다.

水落影堂 江韻

霧雨滔滔越漢江　　清原當到一祠龐
影堂水落寂寥坐　　澗谷槐風端靜淙
樂府麗謠歌史寶　　櫟翁稗說古文幢
兩京內外往來裏　　政教荷任千世朧

수락영당

장마로 도도히 흐르는 한강을 넘어
청원에 당도하니 한 사당 큰집이로다.

수락영당은 고요하게 앉아있고
시냇골 느티바람은 고요한 물소리로다.

악부의 고려 노래는 가사의 보배요
역옹패설은 옛글의 깃발이로다.

두 서울 안팎으로 왕래하는 속에
정치와 교육에 짊어진 짐 천고에 울리도다.

∀ 해제(解題)

▪ 수락영당을 2012년 7월 21일에 찾아갔다. 충북 청원군 미원면 가양리에 있다. 李익재공의 영당이다. 공의 휘는 제현(齊賢), 字 중사(仲思), 號 익재(益齋), 경주인이다. 나이 15세에 대과에 장원급제, 공민왕조에 문하시중(門下侍中)이 되었고, 홍건적 난에 공민왕을 청주로 호송하여 계림부원군이 되었다. 저술로 『역옹패설』, 『익재난고』, 『소악부』가 있으며, 명시・명문이 동문선에 전한다. 諡號는 문충(文忠)이다.

思陽影堂 支韻

生處鎭川俗語支　　三韓名士誕降莚

陽山畔下影堂侍　　龕室壁中蠲老祗

忠直諫官淸白特　　孝廉庭訓銳靑錐

賜王雅號詠歌裏　　萬世賢臣長久垂

사양영당

진천은 살만한 곳으로 전래되어 오는데
삼한의 명사들이 태어난 곳으로 유명하도다.

양산언덕 아래엔 영당이 모셔져 있고
감실벽 가운데엔 깨끗한 노인이 공경스럽도다.

충직한 간관으로 청백이 우뚝한데
효와 청렴한 정훈이 날카로운 송곳이로다.

임금이 내려준 아호를 갱가하는 속에
만세토록 어진 신하로 오래 드리울 것이로다.

▼ 해제(解題)

▪ 사양영당을 2012년 8월 11일에 찾아갔다. 충청북도 진천군 문백면 사양리에 있다. 고려 충신 李문정공의 영정을 봉안한 곳이다. 공의 휘는 공승(公升), 자 달부(達夫), 號 추월재(秋月齋), 청주인이다. 공은 한림원을 거쳐 우정언이 되었고 전중시어사(轉中侍御史)가 되었다. 공의 마음이 맑은 가을 달 같다고 하여 의종이 호를 추월재라고 내렸다고 한다. 謚號는 문정(文貞)이다

苾芬齋 微韻

相月長城暑氣微　鳳岩山下古齋巍
苾芬楣板筆書特　高墓碑銘狷節緋
極諫奸臣流配苦　訓文賢士養勞輝
綿綿後裔出人物　救國閥門千代威

필분재

칠월의 장성은 더운 기운이 엷어지는데
봉암산 아래 옛 재실이 높도다.

필분재 현판은 명서가 특별하고
높은 묘 새긴 비석 견절의 향기로다.

극간하여 간신에게 유배를 당했고
학문을 가르쳐 어진이 키운 수고가 빛나도다.

이어이어 후손에 큰 인물이 나오는 속에
나라 구한 명문으로 천대에 높도다.

✔ 해제(解題)

▪ 필분재는 2012년 9월 1일에 탐방하였다. 전라남도 장성군 장성읍 장안리에 있다. 고려 말 절신 邊사정공의 재실이다. 공의 휘는 정(靜), 황주인(黃州人)이다. 공의 벼슬이 시위사중군사정(侍衛司中軍司正)으로 왕실의 외척이었으며 숙부가 신돈의 모함을 받아 공 역시 장성으로 귀양 갔는데 그곳 자산(玆山)에 정자를 얽고 후진 양성에 힘쓰며 불사이군의 절의를 지켰다.

蓮潭公墓 魚韻

一列群車如行魚　　古祠當到衆劙蕖
新堂登覽樹林屋　　高墓瞰臨城下閭
麗虜要求通海島　　倭邦諷刺善詩書
蓮潭謙德益齋讚　　萬代綿綿龜鑑旟

연담공묘

일렬로 가는 차 물고기 떼 가는 것 같은데
옛 사당에 당도하니 새겨진 연꽃이 많도다.
새로운 사당에 올라보니 깊은 수풀속 집이요
옛 묘를 굽어보니 성 아래 마을이로다.
고려의 포로 요구하여 바다섬을 통했었고
일본을 풍자한 시서를 잘했도다.
연담의 겸손한 덕을 익재가 기리는 속에
만대 이어이어 귀감이 되는 깃발이로다.

✔ 해제(解題)

▪ 연담공묘는 2012년 9월 22일 찾아갔다. 충청북도 청주시 상당구 명암동에 있으며 고려충신 郭연담공의 묘소이다. 공의 휘는 예(預), 초명 왕부(王府), 字 선갑(先甲), 號 연담(蓮潭), 청주인이다. 벼슬이 좌승지국자감대사성(左承旨國子監大司成)에 올랐으며 원종 때 왜구 침범을 꾸짖고 납치해 간 사람을 송환해왔으며 글과 글씨가 뛰어난 명필가로 연꽃을 좋아하였다고 한다.

典書公墓 虞韻

今歲颱風秋事虞　　向南大野比豊驅
高途古墓馬聲鬧　　深谷苔碑人跡孤
麗末鄕居眞士特　　鮮初庭訓後孫芋
家君處處建亭裏　　史上無雙名閥揄

전서공묘

금년 태풍에 가을일이 걱정인데
남쪽을 향해 누런 벌 대전으로 몰았도다.
고속도로의 옛 묘는 차 소리 시끄럽고
깊은 골 이끼 낀 비석 인적이 드물도다.
여말에 시골로 내려와 참선비로 특별했고
선초에 정훈이 후손에게 컸도다.
아버지께서 곳곳에서 정자를 지은 속에
역사상 둘이 없는 명벌로 칭찬받으리로다.

∀ 해제(解題)

▪ 전서공묘를 2012년 10월 13일에 탐방하였다. 대전광역시 동구 대별동에 있으며 여말절신 朴전서공의 묘소이다. 공의 휘는 원상(元象), 순천인이다. 벼슬이 공조전서(工曹典書)에 올랐으나 고려가 망하자 고향으로 내려가 절의를 지켰다. 공의 장조카, 두 아들 등 순천박씨 문중에서 불사이군을 지킨 충절이 네 명이나 나왔고 공의 손 문민공 6부자와 공의 손자 셋 등 1문 9절이 동시 순절하셨다.

四可齋 齊韻

雨後江都秋色齊　　白雲山下一齋黈
飛檐瓦屋鐵鈴響　　神道烏碑新筆瓈
詩友七賢時調特　　文豪三惑絶文褸
高麗國士不雙裏　　今日騷人詠唱鑴

사가재

비온 뒤 강화는 가을색이 가지런한데
백운산 아래 한 재실이 빛나도다.
나는 듯한 처마 기와집 풍경이 울리고
신도비는 새로 쓴 옥돌이로다.
강좌칠현으로 시조가 우뚝했고
문호 삼혹호인으로 최고의 문장가로 문채났도다.
고려 국사로 둘이 없는 속에
금일 시인의 영창하는 북소리로다.

▼ 해제(解題)

※ 사가재를 2012년 10월 27일에 다녀왔다. 인천광역시 강화군 길상면 길직리에 있으며 고려선비 李백운의 재실이다. 공의 휘는 규보(奎報), 字 춘경(春卿), 號 백운거사(白雲居士)・삼혹호(三酷好) 선생, 황려인이다. 공은 벼슬보다 강좌칠현으로 동명성왕편과 개원천보영사시를 지었다. 뒤늦게 벼슬에 나아가 판위위사사(判衛尉寺事)가 되었다. 몽고군의 침입을 진정표로 물리친 명문장가다. 『동국이상국집』『백운소설』『국선생전』 등 많은 저서와 詩\文을 남겼다.

慕先齋 佳韻

古邑中原霜葉佳　　山村木杏一高齋
三門瓦屋慕先表　　四角方墳麗制牌
親友贈詩愉善政　　圃翁悲報棄生骸
無心過客顧當日　　德隱眞儒節士楷

모선재

고읍 충주에 단풍이 아름다운데
산촌 목행리에 한 재실이로다.

삼문 기와집은 조상을 섬기는 표징이요
사각 방분은 고려제도를 나타냈도다.

친구가 준 시는 선정을 기뻐했고
포은의 비보는 살아있는 뼈를 버렸도다.

무심한 나그네 당일을 회고하니
덕은은 참 선비로 절사의 법이로다.

▼ 해제(解題)

※ 모선재를 2012년 11월 3일에 탐방하였다. 충청북도 충주시 목행동에 있다. 여말충신 崔덕은공을 추모하는 곳이다. 공의 휘는 원유(原儒), 자 중현(仲賢), 號 덕은(德隱), 충주인이다. 벼슬이 보문각직제학을 지나 밀직승익우상시(密直承翊右常侍)가 되었고 영주 현윤이 되었다. 간성왕 4년 선죽교의 비보를 듣고 약을 마시고 절명하였다. 부인도 남편을 따라 절명하여 남편과 합장되었다.

文憲公園 灰韻

秋後冬藏川水灰　　烏山曠野始波開

昔時書院廟堂地　　今日公園影幀臺

麗代高儒私學祖　　鮮初罔僕逸民才

海東孔子譽聲裏　　來往人人那幾晐

문헌공묘

추수한 후 동장한 도랑물이 회색인데
오산 빈 들에 비로소 물결이 열리도다.

옛날엔 서원으로 사당의 터였고
금일엔 공원으로 영정각 이로다.

고려 때 높은 선비 사학의 할아버지요
조선 초 망복한 일민의 재주로다.

해동공자의 명성 속에
오가는 사람마다 어찌 몇이나 갖추었는가?

해제(解題)

▪ 문헌공원을 2012년 11월 17일에 탐방하였다. 경기도 오산시 내삼미동에 있다. 공의 휘는 충(冲), 字 호연(浩然), 호 성재(惺齋)·월포 (月圃)·방회재(放晦齋)이며 해주최씨이다. 벼슬이 문하시중이 되었으며 벼슬에서 물러나 송악산 아래에 사숙(지금의 사립학교)을 열어 인재를 배출하여 이를 문헌공도라 하였으며 구재학당의 창시자다. 글씨와 글이 뛰어나 해동공자라 불렸으며 본래 이곳은 문헌서원이었는데 개발로 영당과 비석만 남아있다.

追遠齋 眞韻

古邑夫餘史話眞　　鳳亭山下一墳珉
石籬方墓舊風特　　名筆烏碑有字彬
貴閥家門當厄命　　敬崇庭訓護圍親
貫鄕創姓奉尊裏　　崔氏嗚乎不語倫

추원재

고읍 부여는 역사이야기가 참인데
봉정산 아래 한 무덤의 옥돌이로다.

돌 울타리 방묘는 고려풍으로 특별하고
명필의 비석은 남긴 글자가 빛나도다.

귀벌의 가문에 액을 당한 목숨이요
공경해 높인 정훈 호위한 어버이로다.

관향 창성을 받들어 올리는 속에
오호라 최씨 말이 없는 도리로다.

해제(解題)

▪ 추원재는 2013년 7월 6일에 탐방하였으며 강원도 강릉시 성산면 금산리에 있다. 여말충신 崔충숙공을 추모하는 재실이다. 공의 휘는 입지(立之), 號 성묵당(誠默堂), 강릉인이다. 벼슬이 상호군평장사추충익사공신에 이르렀고 강릉군에 봉해졌다. 만년에 귀휴(歸休)하여 강릉 모산에서 풍류를 즐기며 살아 고을 이름이 평장(平章)이라 한다. 귀신이 후원나무에 칠언절구의 시에 '영웅이 많이 나올 것이다.'라고 쓰여 있었는데 과연 그 자리에서 네 번의 평장사가 나오고 많은 인재가 나왔다고 한다.

雙明齋 文韻

降雪宜寧銀色文　　寒風松畔一齋懃
雙明楣號節臣美　　七友碑銘騷客芬
腹藁才吟風月讚　　破閑集錄律論云
東天四傑會今日　　麗代追懷清唱醺

쌍명재

눈 내린 의령은 은색으로 빛나는데
한풍에 솔 언덕 한 재실이 은근하도다.

쌍명의 중방이름은 절신의 아름다움이요
일곱 벗 비에 새김은 시인의 향기로다.

복고재로 풍월을 읊었다 칭찬하고
파한집을 기록한 시론이라 말했도다.

동천 사걸이 오늘에 모여서
고려를 추회하며 맑은 노래에 취하누나.

해제(解題)

▪ 쌍명재를 2013년 1월 5일 탐방하였다. 경상남도 의령군 부림면 단원리에 있다. 고려 충신 대문장가 李쌍명재공의 추모처다. 공의 휘는 인로(仁老), 字 미수(眉叟), 인주인이다. 공은 장원으로 등과하여 벼슬이 좌간의대부(左諫議大夫)가 되었다. 시와 글씨가 뛰어나 강좌칠현, 죽림칠현에 견주었다. 한림시에 왕명을 받들어 원석지등석(元夕之燈夕)시를 지었으니 명종이 호를 쌍명재라 지어줬다. 저서에 『은대집』, 『쌍명재집』, 『파한집』, 『서하선생집』이 있다.

安子廟 元韻

富谷古祠朱子元　　誨軒性理學文根
庭中瓦屋四間廟　　檐外方圍十尺門
聖道傳承仁義展　　成均開始五倫尊
後孫顯祖敬心裏　　震國儒賢千代暄

안자묘

부곡의 옛 사당은 주자학의 으뜸인데
회헌공의 성리학 학문의 뿌리로다.

뜰 가운데 기와집은 네 칸의 사당이요
처마 밖 각진 울타리는 열 자 높이 문이로다.

성도를 전승하여 인과 의를 펼쳤고
성균관을 다시 열어 오륜을 높였도다.

후손이 조상을 올려 높이는 정성 속에
우리나라 큰 어진 선비로서 천대로 이어 따뜻하리로다.

✔ 해제(解題)

▪ 안자묘를 2013년 1월 26일 탐방하였다. 경기도 의왕시 월암동에 있으며 최초의 주자학자 安회헌공을 모신 사당이다. 공의 휘는 珦, 호 회헌(晦軒), 시호 문성(文成), 순흥(順興)인이다. 안자묘는 황해도 연백군에 있던 것을 후손이 월남하여 마포로 옮겼다가 1975년에 이곳으로 옮긴 것이다. 공은 충렬왕 12년에 좌우시랑과 고려 유학사거가 되었으며, 왕을 따라 연경에 갔다가 주자와 공자 화상을 가지고 돌아와 주자학을 연구하였다.

西河公墓 寒韻

滿雪歌絃山下寒　　丘墟神道碣銘玕

獅峯陽地吉墟肅　　龍尾圓墳才士端

風月七賢詩酒特　　擬人二冊智文爛

醇錢今日讀書裏　　必也西河青史歡

서하공묘

눈이 가득한 가현산 아래가 찬데
언덕에 신도비의 새김이 옥돌이로다.

사자봉 따뜻한 땅은 명당으로 엄숙하고
용꼬리 둥근묘는 재사의 단정함이로다.

풍월 칠현의 시와 술이 특별했고
의인체 두 책은 지혜의 글이 빛났도다.

국순선과 공방전을 오늘날 읽는 속에
반드시 또한 서하는 청사에 기뻐할 것이로다.

✔ 해제(解題)

▪ 서하공묘를 2013년 2월 2일에 탐방하였다. 경기도 인천시 서구 마전동에 있으며 고려충신 문장가 林서하공의 묘다. 공의 휘는 춘(春), 호 서하(西河), 예천인이다. 공은 신동으로 18살에 사마시에 합격하였으나 21세에 무신의 난으로 아버지를 잃고 가문이 몰락하였다. 詩와 酒의 죽림고회로써 강좌칠현으로 이인로, 오세제, 함순, 조통, 이담지, 황보항과 詩酒를 벗삼았다. 저서에 『국순전』, 『공방전』, 이인로가 엮은 『서하선생집』이 있다.

崇慕齋 刪韻

正月駒城寒氣刪　　二東西里古齋斑
瓦家飛楠美楹閣　　苔碣圓墳高塢山
忠節直言清士志　　大儒棄仕閥門顏
久碑庭側耐孤裏　　過客嘆吟其幾憪

숭모재

정월 용인은 한기가 깎였는데
이동 서리에 옛 재실이 빛나도다.

기와집 나는 처마 아름다운 기둥의 집이요
태갈 둥근묘는 높은 언덕에 산이로다.

충절의 직언은 깨끗한 선비의 뜻이요
큰 선비 벼슬 버림은 은씨 문중의 얼굴이로다.

옛 비석 뜰 옆에서 외로움을 견디는 속에
과객의 읊는 노래에 그 얼마나 흐뭇할꼬?

▼ 해제(解題)

■ 숭모재를 2013년 3월 2일 탐방하였으며 경기도 용인시 이동면 서리에 있다. 고려충신 殷양렬공을 추모하는 곳이다. 공의 휘는 신윤(莘尹), 시호 양렬(襄烈), 행주인이다. 벼슬이 보문각 대제학에 올랐으나 나라가 망하자 전라도 고부 두승산에 숨어 세상을 끊고, 목은과 때때로 글을 주고받으며 절의를 지켰다고 한다.

楡川齋 先韻

上月溟州春氣先　　池邊山下古齋蠲
瓦家高柱韻文特　　松烏方墳麗制鮮
駙馬隱居忠節守　　貴言薄葬介貞傳
我羅理曲讚歌裏　　一坐伏望千代賢

유천재

정월 강릉에는 봄기운이 먼저하는데
지변산 아래 옛 재실이 깨끗하도다.

기와집 높은기둥 시문이 특별하고
솔 언덕 방분은 고려의 제도가 신선하도다.

부마로 숨어살며 충절을 지켰고
유언으로 박장하라는 깨끗한 곧음을 전했도다.

아리랑을 이어 부르는 노래 속에
한자리에 앉아 엎드려 바라는 천대의 어진이로다.

✓ 해제(解題)

▪ 유천재를 2013년 3월 9일 탐방하였으며 강원도 강릉시 지변동에 있다. 여말 절신 崔부마공을 추모하는 곳이다. 공의 휘는 문한(文漢), 호는 충재(忠齋), 강릉인이다. 공은 기상이 웅장하고 도량이 활달하고 문무를 겸해 선덕공주 짝으로 충숙왕의 부마가 되었다. 고려의 운이 다하자 두문동으로 들어갔다가 강릉 마상리에 은둔하였다. 후손이 큰 가문을 이루어 시조로 추봉하였다.

松烏公墓 蕭韻

如月春陽芽芮蕭　　燕岐南麓古賢喬
國師峯下角墳特　　螭首碑中銘筆璙
麗末棄官清節介　　鮮初不仕守忠超
騷人一坐詠歌裏　　今日松風長久翲

송오공묘

2월 봄볕에 쑥 싹이 뾰족뾰족 나는데
연기군 남쪽 기슭에 옛 어진이가 높도다.

국사봉 아래 방분이 우뚝하고
이수비석 가운데 새긴 글이 옥이로다.

여말에 벼슬을 버려 깨끗한 절개가 큰데
선초에 벼슬 물리쳐 충 지킴이 뛰어났도다.

시인들 한자리에 앉아 갱가하는 속에
금일 송풍이 오래도록 날리리로다.

해제(解題)

■ 송오공묘를 2013년 3월 23일에 탐방하였으며 충남 연기군 전동면 청람리에 있다. 여말충신 金송오공의 유택이다. 공의 휘는 승로(承露), 字 천뢰(天賚), 강릉인이다. 공은 벼슬이 안으로는 헌사와 형부에 있었고 밖으로 주현(州縣)에 나가 큰 쓰임이 될 것으로 믿었으나 임신변역을 만나 통곡하며 조복을 찢어 동문에 걸고 두문불출, 절의를 지켰다.

燕歧大捷碑 看韻

和暢燕歧饒酒肴　　大碑前面讀心恔
北山振鷺止鞭地　　湖水公園遊客巢
哈賊萬兵全滅辱　　將軍一喝凱旋鞘
東西左右遠望裏　　勇烈當時再此談

연기대첩비

화창한 연기에서 술과 안주가 넉넉한데
큰 비석 앞에서 글 읽는 마음이 근심스럽도다.

북산에 진로들이 채찍을 멈춘 땅이요
호수공원에 놀이 온 사람들의 둥지로다.

합적 만 명을 전멸해 욕보이었고
장군 일갈에 개선하는 회초리로다.

동서 좌우를 멀리 바라보는 속에
용렬했던 당시를 다시 한 번 되뇌어본다.

✔ 해제(解題)

▪ 연기대첩비를 2013년 4월 6일에 탐방하였으며 세종특별시 연서면 용암리에 있다. 연기대첩비는 화강석으로 된 10m의 큰 탑으로 1999년 연기 대첩공원에 세워졌다. 연기대첩은 고려 명장 김흔(金忻)장군이 이끌어낸 승전이다. 공의 휘는 흔(忻), 안동인이다. 공은 김방경 장군의 아들로 아버지를 이어 상낙공에 습봉되었다. 대승을 거둔 전투에서 적의 시신이 산으로 쌓이고 금강이 피로 물들여졌으며 동국전란사상 7대 대첩 중의 하나이다.

碩陵 豪韻

穴口鎭江山勢豪　　春花深處一陵高
松林新道衆蹤罕　　長澗溪聲吟祝饕
武亂侵權流島苦　　敗王含忿耐孤騷
封前雙石無言立　　尙有探來戀戀遭

석릉

강화 진강 산세가 좋은데
봄꽃 핀 깊은 곳에 한 릉이 높도다.
송림의 무덤 앞길은 사람 자취 드물고
긴 산골 물소리에 읊는 소리 탐하도다.
무신난 권리 침범당해 섬에 귀양간 괴로움이요
패한 왕 분함 머금고 외로움 참는 근심이로다.
봉분 앞에 쌍석이 말없이 서 있는데
부디 찾는 이 있어 그리워 만나질까?

해제(解題)

▪ 고려 석릉을 2013년 4월 18일에 탐방하였으며 강화군 양도면 길정리에 있다. 고려 21대 희종의 능이다. 희종의 휘는 영(韺), 字 불피(不陂), 시호 성효(誠孝)이다. 아버지는 신종(神宗), 어머니는 정선태후 김씨, 왕후는 함평궁주 임씨이다. 최충헌을 제거하려다 실패하여 교동도에 유배되었고, 고종 24년 용유도에서 세상을 떠나 이곳에 안장되었다.

坤·嘉陵 歌韻

古邑江都傳牧歌　　深山林下后陵羅
紅花處處獨魂慰　　烏碣輝輝茂蘚磨
祖母坤名流放苦　　孫妃嘉號敬尊哦
麗時哀事顧懷裏　　今日心中痛恨嗟

곤 · 가릉

옛 고을 강화에는 목동 노래가 전해오는데
깊은 산 수풀에 왕후릉이 벌려 있도다.

붉은 꽃은 곳곳에 외로운 혼을 위로하고
검은 비석 번들 빛나 무성한 이끼를 갈았도다.

할머니는 곤릉으로 귀양간 고통이요
손비는 가릉으로 공경하며 높이 읊었도다.

고려 때 슬픈 일을 추회하는 속에
금일 마음속에 통한이 높도다.

✔ 해제(解題)

▪ 곤 · 가릉을 2013년 4월 18일 탐방하였으며 강화도 양도면 능내리에 있다. 고려 22대왕 강종비 원덕왕후 유씨(元德王后柳氏)의 능이다. 강종은 재위 2년에 붕어하였으니 청상 수십 년에 저승에서조차 임은 만나지 못하고 강종의 능은 역사상 실전되어 어디에 있는지 알지 못하고 이 궁벽한 산중에 홀로 누워있다. 동그란 작은 봉분에 2척 단갈에 '곤릉'이란 글자가 다소곳하다.

龍江書院 麻韻

今日高陽路若麻　　洞名城石學官家
紅門書院龍江號　　青蘚烏碑神筆紗
蒙古抗爭麗國帥　　龜州固守將軍牙
春秋享祀繞連裏　　朴閥讚歌萬代葩

용강서원

오늘의 고양 길은 삼 같은데
고을 이름 성석으로 학관의 집이로다.

홍문의 서원은 용강이라 부르고
푸른 이끼 오비는 신필로 비단이로다.

몽고 항쟁한 고려의 장수요
구주를 고수한 장군의 어금니로다.

춘추 향사를 멀리 이어 온 속에
박씨 문중 기리는 노래 만대의 꽃이로다.

✔ 해제(解題)

▪ 용강서원을 2013년 5월 6일에 탐방하였으며 경기도 고양시 일산구 성석동에 있다. 고려 말 명장 朴장군을 추모하는 곳이다. 공의 휘는 서(犀), 字 양종(洋宗), 號 죽계(竹溪)로 신라 박혁거세 40대손이다. 몽고의 살례탑이 침입하자 끓는 쇳물과 흙물로 뒤집어씌우고 큰 칼로 물리쳐 큰 공을 세웠다.

고종이 음성백을 봉하고 諡號 충정(忠靖)을 내렸다.

惕若齋公壇 陽韻

山野蒼蒼夏日陽　　抱川古里一壇光
宗家墻側數封列　　金水亭中風調常
惕若齋名儒敎戒　　使臣行事遠流殃
西天暮景緩遲裏　　麗末忠門周易香

척약재공단

산과 들이 푸르고 푸른 여름날의 볕인데
포천 옛 고을 한 단이 빛나도다.
종가 담 옆에 두어 수의 봉분이 벌려있고
금수정 가운데 노래가 떳떳하도다.
척약재 이름은 유교의 경계요
사신으로 일하다 귀양처에서 끝났도다.
서쪽하늘 저녁 경치에 발걸음이 더딘 속에
여말 충신 집안에 주역 말씀의 향기로다.

✔ 해제(解題)

▪ 척약재공단은 경기도 포천시 창수면 오가리에 있으며 2013년 6월 8일에 찾아갔다. 척약재(惕若齋) 문온공(文溫公)은 휘(諱) 구용(九容)이요 안동인으로 자(字) 경지(敬之), 김방경장군의 손자이다. 18세에 대과에 급제하여 벼슬이 강원도 안찰사가 되었고, 35세에 명나라 성절사로 갔다가 도중에 대리위(大理衛)로 유배되면서 사천성 영녕현에 이르렀을 때 병을 얻어 명나라에서 47세에 생을 마감하였다.

汾水齋 庚韻

中夏坡平靈氣庚　　麗時勇將古齋宏
公園高墓大雄壯　　神道碑銘書筆明
國亂平治功蹟特　　閥家庭訓孝忠誠
學生引率學修處　　今日讚歌天下淸

분수재

한여름 파주는 신령스러운 기운이 큰데
고려 때 용장의 옛 재실이 크도다.
공원의 높은 묘는 큰 영웅의 씩씩함이요
신도비에 새긴 글씨가 밝도다.
국난을 다스린 공적이 우뚝하고
벌가의 정훈의 효와 충이 정성스럽도다.
학생을 인솔하여 배우고 수학하던 곳이요
금일 기리는 노래 천하에 깨끗하도다.

해제(解題)

▪ 분수재를 2013년 6월 15일에 탐방하였으며 경기도 파주시 광탄면 분수리에 있다. 고려 명장 尹관 장군의 재실이다. 공의 휘는 관(瓘), 字 동현(同玄), 號 묵재(墨齋), 파평인이다. 공은 벼슬이 동북면행영병마 도통사에 올라 여진 오랑캐를 몰아내고 그곳에 9성을 쌓아 그 공으로 문하시중 군국중시사가 되었다. 그러나 여진이 9성의 환부를 요청하자 조정이 지키기 어렵다고 하여 여진에게 돌려주니 분통으로 사망하였다.

追遠齋 青韻

滿月江陵山野青　古村松塢一齋寧
瓦家追遠閣名大　玉女彈琴明垗靈
庭訓奉先誠孝道　諫君授命盡忠溟
碩人多出鬼詩意　正士平章鄕號馨

추원재

칠월 강릉 산과 들이 푸르른데
옛 마을 솔 언덕에 한 재실이 편안하도다.
기와집 추원재 이름이 큰데
옥녀봉 거문고 타는 명당이 신령스럽도다.
정훈을 받든 정성스런 효도요
임금을 간하고 명함은 충성을 다함이로다.
큰 사람을 많이 낸다는 귀신시의 의미 속에
바른 선비 평장 고을의 이름이 향기롭도다.

∀ 해제(解題)

■ 추원재를 2012년 12월 1일에 탐방하였다. 충청남도 부여군 석성면 봉정리에 있는 田공 諱 득우(得雨)로 선대에 신조에서 관노가 되었는데 공의 아들이 좌명원종공신이 되어 그 공으로 아버지인 공은 증가선 한성부윤이 되었다. 임신변역에 왕씨 일족이 멸족의 위기를 겪어야 했다. 나라의 역사 자체를 훼손시켰는데 한 집안의 역사가 남아있겠는가. 아직은 밝혀지지 아니한 이 집안 혁혁한 사실이 고태(古苔) 속에 숨어있을 것 같다

省農公墓 蒸韻

末伏老炎江邑蒸　　喬城畔上一墳兢
松林陽地明堂爽　　石陛烏碑神筆騰
孤島隱居忠節美　　省農訓導至誠凝
白鷗頏頡士賓迓　　名閥綿綿萬代恒

성농공묘

말복 늦더위가 강화에 찔듯이 더운데
교동 언덕 위 한 무덤이 있도다.

솔숲에 양지는 명당으로 시원하고
돌계단 비석은 신필로 올랐도다.

외로운 섬에 숨어 산 충절이 아름답고
성농공이 가르쳐 이끈 정성이 엉겼도다

바다 갈매기 오르내리며 서울 손을 맞아주는 속에
명벌로 이어이어 만대에 이어가리로다.

▼ 해제(解題)

▪ 성농공묘를 2013년 8월 7일 탐방하였으며 인천광역시 강화군 교동면 지석리에 있다. 여말절신 仝성농공의 유택이다. 공의 휘는 사안(思安)이며 號 성농(省農), 감천인이다. 공민왕 15년 장원급제하여 간성왕 때 예의판서 예문관 대제학에 올랐으며 고려의 운이 다하자 강화의 교동에 들어가 농사를 지으며 마을 사람들에게 농법과 유학을 가르치며 후학을 길렀다. 신조에서 보문각대제학으로 불렀으나 끝내 나가지 않고 망복지절을 지켰다.

慕先齋 尤韻

處暑已過熱氣尤　坡州汗喘一齋摳

瓦家優雅肅方異　老棟壯雄神品侔

兄弟節臣忠義本　祖孫支柱兆民愁

國思峯望目酸裏　今日讚歌天末烋

모선재

처서가 이미 지났는데도 더욱 더운데
땀을 흘리며 파주의 한 재실을 찾았도다.

기와집이 우아하고 엄숙해 달랐고
늙은 기둥은 장웅해 신품과 닮았도다.

형제가 절신으로 충의가 근본이 되었고
조손은 기둥으로 백성의 근심을 받쳤도다.

국사봉을 바라보며 슬픔을 삭이는 속에
금일 찬가가 하늘 끝까지 아름답도다.

해제(解題)

▪ 모선재를 2013년 8월 24일에 탐방하였으며 경기도 파주시 월롱면 능산리에 있다. 고려 절신 金감무공 재실이다. 공의 휘는 윤남(允南), 강릉인이다. 벼슬이 낭천 (지금화천) 감무가 되었을 때 나라가 잘못되자 매월 초하루 보름을 북쪽 송도를 바라보며 통곡을 하므로 국사봉으로 불렀다. 아우 양남도 벼슬이 지평으로 같이 옷을 벗고 양주 은대리에 일로정을 세우고 형제가 같이 절의를 지키며 살았다고 한다.

鼎井齋 侵韻

古邑福州秋氣侵　野田黃色一齋臨
瓦家高柱聳檐美　螭首烏碑刻筆侵
祭酒講明儒學勵　易東稱號後生箴
詩歌嘆老久來裏　麗代風流深覺琛

정정재

옛 고을 안동은 가을 기운에 잠겼는데
밭과 들은 황금색으로 한 재실에 임했도다.

기와집 높은 기둥 나는 듯 처마가 아름답고
이수 비석의 새긴 글이 정성스럽도다.

좨주 밝게 강론해 유학에 힘썼고
역동이라 일컬어 후생을 일깨웠도다.

탄로가 시조가 전해 오는 속에
고려 때 풍류로 깊이 깨달은 보배로다.

∀ 해제(解題)

▪ 정정재를 2013년 9월 7일 탐방하였으며 경북 안동시 예안면 정산리에 있다. 고려 대학자 禹탁 선생의 재실이다. 공의 휘는 탁(倬), 字 천장 (天章), 號 단암(丹巖), 세칭 역동(易東)이라 하며 시호는 문희(文僖), 단양인이다. 충렬왕 5년에 벼슬이 감찰규정성균관좨주가 되어 성균관 유생들에게 성리학을 강의하며 유학진흥에 힘썼다. 한 손에 가시 들고 막아도 지름길로 오더라는 탄로가가 유명하다.

世德祠 覃韻

菊月横城走馬覃　　閑村高屋古祠譚

瓦家優雅赤青宇　　懸板精書黑白闇

智勇將軍安國守　　清廉吏伯愛民撏

貴詩一首有傳裏　　今日賡歌顧客谽

세덕사

구월 횡성을 한달음에 달려 왔는데
한촌 높은 집 옛 사당이 크도다.

기와집은 우아한 단청의 집이요
현판은 정성스런 글로 흑백의 집이로다.

지와 용의 장군은 나라를 편안히 지켰고
청렴한 관리 우두머리로 백성을 사랑했도다.

귀한 시 한 수가 전해 내려오는 속에
오늘 돌아보는 나그네 갱가가 골짜기에 가득하도다.

✔ 해제(解題)

■ 세덕사를 2013년 10월 5일 탐방하였으며 강원도 횡성읍 정암리에 있다. 문정공 조충(趙冲)과 그 밖에 두 분의 위패를 모신 사당이다. 문정공의 휘는 충(冲), 字 담약(湛若), 諡號 문정(文正), 횡천인이다. 벼슬이 희종조에 국자대사성 한림학사가 되었고 외직으로 상장군이 되어, 오랑캐를 섬멸하고 몽고와 연합하여 거란군의 항복도 받았다. 공은 문무를 겸비한 뛰어난 분으로 벼슬에서 물러나 독락원(獨樂園)을 열고 시금(詩琴)을 즐겼다

永慕齋 鹽韻

古邑尙州史話鹽　佳庄深谷一齋恬
瓦家鐵馬遠人迓　烏碣方墳麗制巖
署令近王殫侍信　護軍守國用才漸
雲仍崇祖至誠裏　新筆銘文長壽蘞

영모재

옛 고을 상주는 역사 이야기가 소금 같은데
가장리 깊은 골 한 재실이 편안하도다.
기와집 풍경은 멀리 온 사람을 맞이하고
검은 비석 방분은 고려 제도로 엄숙하도다.
서령으로 임금 가까이서 믿음으로 모셨고
호군으로 나라 지키며 재주를 다 썼도다.
후손이 할아버지를 높이는 지성 속에
신필의 새긴 글이 장수의 보약이로다.

✔ 해제(解題)

▪ 영모재를 2013년 11월 2일 탐방하였으며 경북 상주시 가장동에 있다. 여말 문신 金내원령을 추모하는 재실이다. 공의 휘는 득화(得和), 상산인이다. 공은 음사(陰仕)로 내원서령에 이르렀고 공민왕 13년에 원군이 쳐들어오자, 공이 원군을 막고 적장 송신길을 포로로 잡아 크게 물리쳤다. 그러나 그 후 사적이 묘연하고 묘도 실전되었던 것을 지극한 효손에 의해 묘갈이 발견되어 중관 선생님이 비문을 지으시고 24대손 일송이 비문을 써서 세웠다.

文景齋 咸韻

復月京郊寒氣咸　　牛眠山下一齋鑑
都心瓦屋古風美　　籬外苔碑名筆諵
極諫遠流殫節表　　永言歎吟疾妖欃
滿場騷客詠歌裏　　歲暮和聲塵世銜

문경재

11월 서울 근교에 추운기운이 다하는데
우면산 아래 한 재실이 밝도다.
도심의 기와집은 고풍으로 아름답고
울밖에 이끼 낀 비석 명필로 들랬도다.
극간으로 멀리 유배감은 순절을 표함이요
영언을 탄식해 부른 것은 요참을 미워한 것이다.
만장에서 시인들이 갱가하는 속에
세모에 화성이 티끌진 세상을 감동시키더라.

✔ 해제(解題)

▪ 문경재를 2013년 12월 7일에 탐방하였으며, 서울 서초구 우면동에 있다. 여말충신 석탄공을 추모하는 재실이다. 공의 휘는 존오(存吾), 字 순경(順卿), 號 석탄(石灘), 경주인이다. 공민왕 15년에 정언이 되어 신돈을 직간하다 군옥에 갇혔다. 이색이 변호하여 장사감무로 강등되었고, 공주 석탄에서 분을 이기지 못해 병이 들어 31세에 돌아가셨다. 공의 시조 <구름이 무심탄 말이 아마도 허랑하다>가 많이 알려진 시조다.

索 引 (시제 가나다순)

詩題番號	詩　題	面數

[나]

[다]

[마]

[바]

[사]

[아]

[자]

[차]

[타]

[파]

[하]

📖 **著者 略歷**

동원東媛 이 원 희李元熙

- 한국시조시인협회 회원
- 한국문인협회 회원
- 국제PEN클럽 회원

- 시조집『솔바람이 그리워』지음
- 한시집『樓亭風月』『麗末大節』『麗末節臣』『大韓三十景』『高麗遺事』『高麗戀韻』공저

- E-mail : miris76@naver.com

東媛漢詩集 동원한시집

2022년 10월 17일 초판 1쇄 인쇄
2022년 10월 25일 초판 1쇄 발행

지은이 이 원 희
펴낸이 김 영 환
펴낸곳 도서출판 다운샘

주소 : 05661 서울특별시 송파구 중대로27길 1
전화 : (02) 449- 9172 전송 : (02) 431- 4151
E-mail : dusbook@naver.com
등록 : 제1993-000028호

ISBN 978-89-5817-518-6 03810

값 15,000원